DROIT ROMAIN

DE L'EXÉCUTION DES JUGEMENTS
ET DES INTERDITS PAR LA MANUS MILITARIS

DROIT FRANÇAIS

DES DISPENSES DE RAPPORT

THÈSE POUR LE DOCTORAT

PRÉSENTÉE ET SOUTENUE

Le mardi 16 juin 1891, à 1 heure

PAR

Augustin de BARANDIARAN ALBUQUERQUE

Président : M. Boistel, *professeur.*

Suffragants : { MM. Léveillé, Jobbé Duval, { *Professeurs,* Planiol, *Agrégé.*

Le Candidat répondra, en outre, aux questions qui lui seront faites sur les autres matières de l'enseignement

PARIS

A. GIARD, LIBRAIRE-ÉDITEUR

16, Rue Soufflot, 16

1891

DROIT ROMAIN

DE L'EXÉCUTION DES JUGEMENTS

ET DES INTERDITS PAR LA MANUS MILITARIS

DROIT FRANÇAIS

DES DISPENSES DE RAPPORT

THÈSE POUR LE DOCTORAT

PRÉSENTÉE ET SOUTENUE

Le mardi 16 juin 1891, à 1 heure

PAR

Augustin de BARANDIARAN ALBUQUERQUE

Président : M. BOISTEL, *professeur.*

Suffragants : { MM. LÉVEILLÉ, JOBBÉ DUVAL, PLANIOL, } *Professeurs, Agrégé.*

Le Candidat répondra, en outre, aux questions qui lui seront faites sur les autres matières de l'enseignement

PARIS

A. GIARD, LIBRAIRE-ÉDITEUR

16, RUE SOUFFLOT, 16

1891

A MA MÈRE

DROIT ROMAIN

DE L'EXÉCUTION DES JUGEMENTS

ET DES INTERDITS PAR LA MANUS MILITARIS

INTRODUCTION

Dans notre législation tous les jugements sont revêtus
de la formule exécutoire permettant au gagnant de recourir au besoin à la force publique pour se faire mettre en
possession de l'objet de son droit. Cette intervention de la
manus militaris, pour sanctionner les décisions judiciai-
res, n'est pas une création moderne, elle a été empruntée
au droit romain ; nous la rencontrons au Bas Empire et,
même dans le droit antérieur, dès que la procédure *extra
ordinem* s'est généralisée. A cette époque, la qualité de
magistrat et celle du juge se confondent comme aujour-
d'hui sur une même tête, et la condamnation à la chose,

même sur laquelle le demandeur a prouvé son droit, est prononcée toutes les fois qu'elle est possible.

Cette exécution forcée est-elle admise sous les actions de la loi et sous le système formulaire? Avant d'aborder l'examen de cette question si délicate et si controversée, il est indispensable d'indiquer les traits principaux de chacune de ces deux phases de la procédure romaine. Elles présentent ce caractère commun que les fonctions de juge ne sont pas remplies par le magistrat lui-même, mais tantôt par un collège spécial comme celui des centumvirs, tantôt par un ou quelquefois par plusieurs simples particuliers désignés par le magistrat qui les investit de la mission de juger le différend et de prononcer la sentence. La procédure se trouve alors scindée en deux parties ; la première, dite procédure *in jure*, s'accomplit tout entière devant le magistrat, la seconde, dite procédure *in judicio*, se passe devant le juge.

Sous le système des actions de la loi, la procédure *in jure* est orale et formaliste à l'excès ; elle consiste dans l'accomplissement de rites solennels par les parties elles-mêmes devant le magistrat qui parle et agit lui aussi quelquefois, mais dont le rôle se borne surtout à constater que les choses se sont passées régulièrement ; cela n'est pas sans importance, car la moindre erreur dans la prononciation d'une des formules consacrées, le moindre oubli dans l'un des actes solennels, entraîne pour celui qui s'est trompé la perte de son procès.

Nous ne parlerons d'abord que des *legis actiones* qui servaient à entamer une instance et non de celles qui se référaient à des voies d'exécution. La *legis actio* la plus ancienne et qui formait le droit commun était celle *per sacramentum*. Elle était caractérisée par un pari engagé entre les parties ; chacune, après avoir solennellement affirmé son droit, pariait qu'elle gagnerait son procès ; les sommes formant les enjeux étaient déposées dans un temple ou dans un autre lieu sacré, d'où le nom de *sacramentum* et l'enjeu du perdant était acquis au trésor public (Gaïus, Com., IV, p. 13 et suiv.). La mission du juge consistait à dire quel était celui des plaideurs dont le *sacramentum* était *justum*, c'est-à-dire, celui dont les affirmations se trouvaient être conformes à la vérité ; la question litigieuse n'était ainsi tranchée que d'une façon indirecte. S'il s'agissait d'une action réelle, le magistrat avant de renvoyer devant le juge, décidait laquelle des parties devait avoir la possession intérimaire et l'obligeait à fournir à son adversaire caution pour la restitution de la chose et des fruits *prædes litis et vindiciarum*.

Que se passait-il lorsque le *sacramentum* de l'un des plaideurs était déclaré *justum ?* Une fois ce point acquis aux débats, il est probable que les choses n'en restaient pas là, et qu'il y avait lieu pour fixer d'une façon certaine les droits du gagnant à une procédure accessoire (1) qui se terminait sans doute par une condamnation. Quel était l'objet de cette condamnation, pouvait-elle, lorsqu'il s'agissait d'une action réelle, porter sur la chose même ? La majorité des auteurs répond par l'affirmative et invoque un texte de Gaïus ainsi conçu (Comm. IV, p. 48) :

1. C'est sans doute cette procédure accessoire qui est désignée dans les textes sous le nom d'*arbitrium litis æstimandæ*.

Judex non ipsam rem condemnat eum cum quo actum est, sicut olim fieri solebat (sed) œstimata re pecuniam eum condemnat.

Ainsi ponctué le texte signifie que le juge ne condamne pas à la chose, sous le système formulaire, comme cela se faisait ordinairement autrefois, mais prononce une condamnation pécuniaire.

Le mot *sed* n'existant pas dans le texte même de Gaïus et ayant été ajouté par les éditeurs, un jurisconsulte italien Brini a proposé de ponctuer d'une façon différente, en déplaçant ce mot *sed* de la manière suivante :

Judex non ipsam rem condemnat eum cum quo actum est (sed); sicut olim fieri solebat, œstimata re, pecuniam eum condemnat.

Ce qui voudrait dire que les condamnations pécuniaires étaient le droit commun sous le système des actions de la loi. Même avec cette explication, il faut admettre que la condamnation à la chose, si elle n'était pas la règle, était possible à titre exceptionnel ; c'était évidemment le cas lorsque le magistrat, statuant sur la possession intérimaire, l'enlevait à celui qui se trouvait être possesseur, au moment de la naissance du litige, pour l'attribuer à l'adversaire.

La forme du *sacramentum* n'était possible que pour les questions litigieuses auxquelles on pouvait répondre oui ou non, et ne pouvait en conséquence s'appliquer par exemple à un procès entre cohéritiers qui, d'accord sur leur titre, n'arrivaient pas à s'entendre pour la liquidation ; de là une seconde *legis actio* dite *per judicis vel arbitri postulationem ;* elle tendait à la nomination d'un juge ou d'un arbitre chargé de régler suivant l'équité les droits de chacun.

Pourquoi à côté de ces deux formes de *lege agere* en vit-on apparaître une troisième, la *legis actio per condictio-nem?* Il est difficile de le dire, car nous n'avons que peu de renseignements à cet égard ; il est probable que son principal avantage consistait dans une simplification de la procédure.

Arrivons aux voies d'exécution. Lorsque le demandeur avait été reconnu créancier du défendeur, il pouvait employer contre lui la procédure de la *legis actio per manus injectionem*, consistant à mettre la main sur son débiteur en présence du magistrat et à s'emparer de sa personne ; au bout de 60 jours, en cas de non paiement, il pouvait le tuer ou le vendre comme esclave, plus tard, il n'eut plus que le droit de le faire travailler pour obtenir une réparation du préjudice éprouvé. A côté de la *manus injectio*, nous trouvons la *pignoris capio* ou saisie d'un gage par le créancier, laquelle n'est autorisée que pour certaines créances privilégiées.

Nous avons ainsi parlé des condamnations pécuniaires, mais *quid* des condamnations à la chose prononcées dans les actions réelles, habituellement, suivant les uns, à titre exceptionnel, suivant les autres ? Par exemple, lorsque le magistrat avait statué sur la possession intérimaire, qu'arrivait-il lorsque le possesseur refusait de lui obéir ? A cette époque, il est probable que la force publique n'était pas encore organisée, l'état n'ayant alors que peu de prestige, on devait donc vraisemblablement recourir à la force privée ; celui auquel le droit sur la chose avait été reconnu enlevait cette chose à son adversaire par la violence avec l'aide de ses amis et de ses clients. Ce n'est là qu'une simple conjecture, mais elle est assez admissible, car le droit romain primitif ne répugnait pas à ce qu'on se fît justice à soi-même ; la procédure de la *manus injectio* en est un exemple frappant. Plaçons-nous maintenant après la décision du juge ; si le *sacramentum* du possesseur a été déclaré *justum*, pas de difficulté, il garde la chose et les fruits mais *quid*, s'il perd son procès ? Pour ceux qui admettent que la condamnation prononcée contre lui a pour objet la chose même, il pouvait ici encore y avoir lieu à l'intervention de la force privée ; si, au contraire, on décide que la condamnation était pécuniaire, elle avait dans la *manus injectio* une sanction des plus énergiques ; s'il en était ainsi on comprend très bien que les textes ne parlent que de cette voie d'exécution possible seulement, d'après la majorité des interprètes, pour une condamnation pécuniaire ; ce qu'il y a de certain c'est que la formule rapportée par Gaïus ne vise que les condamnations appartenant à cette dernière catégorie (Gaius, Comm. IV, p. 21).

Nous avons indiqué le rôle du magistrat dans les actions de la loi, mais n'y avait-il pas des cas où il statuait lui-même sans renvoyer à un juge ? Nous en avons déjà cité un ; c'est lui qui tranchait la question de possession intérimaire dans les actions *in rem per sacramentum* mais ce cas n'était pas le seul ; la loi contenait en effet bien des lacunes, ainsi elle laissait sans protection les lieux sacrés et les places publiques et ne fournissait au *paterfamilias* aucun moyen de recouvrer ses enfants en puissance qui lui auraient été enlevés par un tiers. Nous croyons que le magistrat intervenait alors ; il n'avait pas encore le droit de créer une action mais il pouvait en vertu de son *imperium* donner des ordres ou édicter des défenses; ce fut là, selon toute vraisemblance, l'origine des interdits; le magistrat lorsqu'il terminait lui-même l'affaire avait sans doute, dès que l'état fut un peu organisé, des moyens de coercition contre les récalcitrants; nous aurons à parler plus tard du *jus multæ dictionis*, du *jus pignoris capionis* et de la *manus militaris*, mais quels étaient au juste les moyens de contrainte dont il disposait au début? Nous sommes sur ce point réduits à des conjectures.

La procédure des actions de la loi en harmonie avec les mœurs d'une société primitive devait forcément tomber en désuétude avec les progrès de la civilisation; elle présentait, en effet, des inconvénients sérieux, outre le formalisme rigoureux et excessif, elle offrait le désavantage d'être accessible aux seuls citoyens; or, il était indispensable que les sujets pérégrins de Rome, dont le nombre augmentait chaque jour, pussent obtenir justice. Ces formes surannées disparurent donc graduellement dans le droit commun; le *sacramentum* continua toutefois à être usité devant le tribunal des centumvirs, mais les affaires qui n'étaient pas soumises à cette juridiction étaient jugées d'après le système formulaire. L'avènement de ce nouveau système de procédure est constaté par trois lois, la loi Œbutia et deux lois Juliæ (1).

Quels sont ses caractères essentiels? Ce ne sont plus les parties qui jouent le rôle prépondérant dans la procé-

---

1. La première de ces lois est du VIe ou VIIe siècle de l'ère romaine, quant aux lois Juliæ l'une appartient certainement à Auguste, l'autre remonte peut-être à la dictature de J. César.

dure *in jure*, et ce n'est plus à elles qu'il appartient de déterminer ainsi le champ du débat ; c'est le magistrat qui, après les avoir entendues, trace au juge la limite de ses pouvoirs dans une formule où il indique les questions sur lesquelles ce dernier est appelé à prononcer et lui trace sa ligne de conduite ; il y a, au moyen des formules *in factum*, la possibilité de permettre aux pérégrins l'accès de la justice romaine. Nous pouvons donc signaler un double progrès, le formalisme s'atténue et la procédure cesse d'être exclusivement orale.

Nous nous occuperons seulement, après ces indications générales, des actions réelles, car c'est principalement en ce qui les concerne que se présente la question de l'exécution *manu militari*. Gaïus nous apprend qu'il y avait de son temps trois manières d'agir re, *per sacramentum, per sponsionem, per formulam petitoriam* (Comm. IV, 91 à 96). Nous avons déjà indiqué plus haut dans quelles hypothèses spéciales se conserva la procédure du *sacramentum* avec cette différence toutefois que l'enjeu du perdant était acquis non plus au trésor, mais au gagnant. La *sponsio* consistait dans une promesse solennelle, faite par le défendeur au demandeur dans la forme de la stipulation de payer une certaine somme s'il succombait ; la somme n'était d'ailleurs jamais exigible, car la *sponsio* était purement *præjudicialis* et sa seule utilité consistait à servir de base à la délivrance de la formule. Le magistrat n'avait plus le droit de choisir entre les plaideurs pour la possession, elle restait au défendeur qui fournissait caution de restituer, c'était la *stipulatio pro præde litis et vindiciarum*. La *formula petitoria* présentait sur la *sponsio* cet avantage capital que le juge était directement saisi de la question de droit à trancher ; c'était une grande simplification de la procédure et un progrès véritable.

Nous devons nous borner à ces détails sommaires, mais il est un point qui doit nous arrêter quelques instants, c'est le caractère essentiellement pécuniaire de toutes les condamnations à l'époque classique ; le texte de Gaïus Comm. 4 p. 48, ne peut nous laisser aucun doute sur ce point. Nous avons vu qu'il y avait controverse sur la question de savoir si cette règle était propre au système formulaire ou si elle n'avait pas été empruntée au système des actions de la loi. Cette dernière opinion nous paraît la meilleure (1), car on s'expliquerait difficilement que les Romains eussent abandonné la règle la plus rationnelle et la plus conforme au droit naturel. Le système des condamnations pécuniaires a l'avantage de mettre les risques à la charge du défendeur pour le cas où il perdrait son procès, mais la substitution d'un droit de créance à un droit réel offre aussi de sérieux inconvénients. Ceux qui estiment qu'il y a là une innovation de la procédure formulaire, cherchent à donner des explications de ce changement ; ainsi on a dit que les anciennes voies d'exécution, la *manus et la injectio pignoris capio*, étant inaccessibles aux pérégrins, l'usage s'introduisit de prononcer des condamnations pécuniaires et de faire procéder pour leur exécution à la vente des biens du débiteur. Il n'est pas vraisemblable que l'on ait à cause des pérégrins introduit dans la législation romaine

---

1. Consulter en ce sens une intéressante thèse de doctorat de M. Herbet, année 1874, tome 7.

une modification aussi sérieuse ; avec le système de Brini, tout s'explique, le préteur n'a pas osé innover et n'a donné au juge que le pouvoir de condamner à une somme d'argent.

On chercha d'ailleurs à remédier à cet inconvénient ; toutes les fois que le demandeur agissait *in rem per formulam petitoriam*, la formule contenait une clause dite *clausula arbitraria*, d'où le nom d'actions arbitraires donné aux actions pour lesquelles cette manière de procéder était admise. En quoi consistait cette clause ? Dans une condition mise à la condamnation du défendeur ; le juge, avant de la prononcer, devait ordonner à ce dernier de fournir au demandeur une satisfaction arbitrée par lui juge *ex æquo et bono ;* il fixait ce qui aurait été une satisfaction directe. Si nous supposons, par exemple, une action en revendication, le juge, quand il estimait la demande fondée, donnait au défendeur l'ordre de mettre le demandeur en possession de la chose, ou, si l'usucapion s'était accomplie *inter moras litis*, de lui en retransférer la propriété. L'ordre du juge portait le nom d'*arbitrium* ou *jussum judicis*. Si le défendeur obéissait, il obtenait son absolution.

Les actions arbitraires comprenaient non seulement toutes les actions réelles, mais encore quelques actions personnelles comme l'action *de dolo* et l'action *quod metus causa*.

Quelle était la sanction de l'ordre du juge? N'avait-il pour vaincre la résistance du défendeur que la menace du *juramentum in litem* consistant à autoriser l'adversaire à fixer lui-même sous la foi du serment le montant de la condamnation à prononcer, ou pouvait-il mettre en branle la *manus militaris* pour enlever la chose de force au défendeur récalcitrant? Il y a sur ce point deux opinions, la première consistant à admettre l'exécution forcée, la seconde la rejetant ; nous examinerons successivement chacune de ces théories et nous nous rallierons à la dernière, mais elle est trop absolue, quand elle va jusqu'à dire que, jamais à l'époque classique, il ne peut y avoir d'exécution *manu militari :* il y a une distinction à faire entre l'*ordo judiciorum* et les cas exceptionnels où le magistrat connaît luimême de l'affaire.

Passons maintenant à la matière des interdits. Nous avons déjà indiqué quelle était suivant nous leur origine ; nous les faisons remonter à l'époque des actions de la loi, car, à notre avis, ils ne s'expliqueraient guère dans une législation où le magistrat aurait eu le droit de créer des actions *in factum ;* à l'origine, il n'avait pas ce droit, d'où la nécessité de procéder par voie de défenses ou d'ordres spéciaux à chaque affaire, là où la loi était muette. La définition donnée par les Institutes, liv. IV, tit. XV, pr. ainsi conçue : « Les interdits étaient des formules solennelles par lesquelles le préteur ordonnait ou défendait de faire quelque chose », a le défaut d'être trop vague et incomplète, car à l'époque du droit classique, l'ordre du magistrat a cessé d'être pur et simple, pour devenir conditionnel. Il ordonne au défendeur de donner satisfaction aux prétentions du demandeur, dans le cas où telles ou telles conditions se trouveraient réunies ; ainsi, en supposant qu'il s'agisse de l'interdit *unde vi*, il donne au défendeur l'ordre de restituer la possession au demandeur, s'il est exact qu'il l'en ait dépouillé par la violence. Telle est la première phase de la procédure, celle qui se termine par la délivrance de l'interdit. Une fois l'interdit délivré, de deux choses l'une, ou le défendeur reconnaît lui-même qu'il est dans le cas prévu, et alors il est *confessus in jure* et n'a plus qu'à obéir, ou il nie le bien fondé des allégations de l'adversaire et, en ce cas, il y a lieu à la nomination d'un juge et à la délivrance d'une formule, c'est la seconde phase de la procédure.

En résumé, nous préférons donner de l'interdit la définition suivante qui nous paraît indiquer tous ses caractères essentiels : « C'est un ordre émané du magistrat qui contient sous forme hypothétique en vertu de faits supposés une déclaration de principe qui pourra servir à un procès. »

Plaçons-nous maintenant au moment de la délivrance de la formule. En matière d'interdits, on peut agir de deux manières différentes *cum periculo* ou *sine periculo*. Dans le premier cas, il intervient un pari entre les plaideurs ; une *sponsio* est exigée de la part du défendeur, mais elle est *pœnalis* et non *prejudicialis*, elle est donc suivie d'une *restipulatio*, c'est-à-dire d'un engagement analogue de la part du demandeur. Le juge aura à rechercher qui a gagné son pari. Dans la procédure *sine periculo*, il n'y a aucune *sponsio*, mais un arbitre est nommé pour examiner si oui ou non le défendeur a désobéi au magistrat ; la formule contient alors la *clausula arbitraria* comme celle des actions arbitraires, et la question de l'exécution *manu militari* se pose dans les mêmes termes que pour ces actions. Nous examinerons plus tard une théorie moderne qui va jusqu'à dire que, pour les interdits, l'intervention de la force publique est la règle et non pas l'exception ; d'après cette doctrine, ce serait la principale utilité des interdits, et c'est ainsi qu'elle explique leur création ; nous repousserons cette opinion et nous ferons ici les mêmes distinctions que pour les jugements. C'était au défendeur qu'il appartenait de choisir entre la procédure de la *sponsio* et la nomination d'un arbitre, mais ce choix ne lui était accordé que pour les interdits restitutoires ou exhibitoires, c'est-à-dire contenant un ordre et non pour les interdits prohibitoires ou contenant une défense ; dans ce dernier cas la procédure *cum periculo* était imposée.

Pour en finir avec ces notions générales, il faut, et cela n'exigera que peu de temps, nous faire une idée exacte de ce qu'on désignait dans les textes sous les noms de *manus militaris* et d'*officium magistratus*. Nous devons nous garder ici d'une erreur dans laquelle la première de ces expressions pourrait facilement nous induire, la cohorte mise à la disposition du magistrat pour exécuter ses ordres ne se composait pas de soldats, mais était recrutée parmi les esclaves du peuple romain. Les lettres de Pline à Trajan (Lettres XXX et XXXI) nous fournissent à ce sujet des renseignements intéressants ; cela nous est en outre confirmé par un texte plus récent datant de la fin du IVe siècle de l'ère chrétienne de l'année 393 ; c'est une constitution des empereurs Valentinien, Théodose et Arcadius (loi 1, Code, liv. 1, tit. 46), où il est dit formellement que l'intervention de l'armée ne saurait être requise pour les procès entre particuliers.

Nous diviserons notre étude en 5 chapitres. Le cha-

De Barandiaran 2

pitre I comprendra deux paragraphes consacrés, le premier à l'opinion d'après laquelle l'*arbitrium judicis* était à l'époque classique exécutoire *manu militari*, le deuxième aux diverses théories qui admettent l'exécution forcée en matière d'interdits; dans le chapitre II nous étudierons la doctrine qui repousse d'une façon absolue la *manus militaris* à l'époque classique ; dans le chapitre III nous exposerons notre opinion; enfin nous terminerons par un examen dans le chapitre IV des principaux cas où il y avait *cognitio extraordinaria*, et par une étude, dans le chapitre V, du dernier état du droit romain, c'est-à-dire de la législation de Justinien.

CHAPITRE PREMIER

OPINION D'APRÈS LAQUELLE L'ARBITRIUM JUDICIS EST A
L'ÉPOQUE CLASSIQUE EXÉCUTOIRE MANU MILITARI.

Une première doctrine consiste, comme nous l'avons dit
plus haut, à admettre qu'à l'époque classique *l'arbitrium
judicis* était exécutoire *manu militari*. On concède en général que cette exécution forcée ayant pour objet la chose
même est contraire à l'esprit du système formulaire, et
qu'elle n'a pas été admise dès le début (1), mais on ajoute
qu'elle fut empruntée à la procédure *extra ordinem* pour
remédier aux inconvénients des condamnations purement
pécuniaires ; ce changement avait, dit-on, déjà eu lieu à l'é-
poque d'Ulpien, et, à l'appui de cette assertion, l'on apporte
un texte de ce jurisconsulte qui paraît au premier abord
absolument irréfutable. La loi 68, Dig. liv. VI, tit. 1. Elle
est ainsi conçue : *Qui restituere jussus judici non paret
contendens non posse restituere, si quidem habeat rem
manu militari officio judicis possessio ab eo transfertur.*
Ce langage semble bien clair et ne laisserait place à aucun
doute, si nous avions la certitude que le texte est encore

1. Voir en ce sens, Pellat, *de rei vendicatione*, page 37. Consulter en
outre dans un sens favorable à ce premier système Accarias. *Précis de
droit Romain,* tome II. Keller. *De la procédure et des actions chez les
Romains.*

aujourd'hui tel qu'Ulpien l'a écrit et que nous nous trouvons en face de l'expression bien exacte de l'opinion de cet auteur ; or, cela est loin d'être certain. Jusqu'au XVIe siècle, nul n'avait même soupçonné la possibilité d'une altération du texte primitif, mais, à cette époque, Antonin Fabre eut l'idée qu'il pouvait y avoir eu une interpolation de Tribonien, l'un des commissaires de Justinien ; mais quelle est la modification par lui apportée (1)? Sur ce point il y a dissentiment entre les interprètes; les uns, ceux qui disent qu'il ne saurait être question d'exécution par la force publique à l'époque classique veulent que la phrase tout entière où il est question de *manus militaris* soit de l'invention de Tribonien; les autres, et nous nous rallierons à leur opinion, distinguant entre l'*ordo judiciorum* et la procédure *extra ordinem*, pensent qu'Ulpien a bien pu parler d'exécution forcée, mais seulement, lorsque le magistrat statuait lui-même, et que Tribonien n'a fait que généraliser la décision donnée par Ulpien pour des cas spéciaux qui n'étaient que l'exception de son temps, mais étaient devenus la règle depuis la suppression du système formulaire.

On nous objecte que, si le texte appartenait à Justinien on n'y trouverait probablement pas le mot *manus militaris*, car la force militaire ne pouvait plus depuis la constitution de l'année 393 (loi 1, Code, liv 1, tit. 46) être mise au service d'intérêts purement privés. Nous répondrons d'abord que l'expression *manus militaris*, bien que pou-

---

1. L'interpolation est admise sans hésitation par Lenel Palyngenésia juris civilis, tome II, colonne 1197. Ulpien, fragment, 2987.

vant prêter à des erreurs, est fréquemment employée dans des textes postérieurs au règne de Trajan sous lequel, nous le savons, l'*officium magistratus* n'avait rien de commun avec l'armée, par conséquent, il n'est pas étonnant de rencontrer chez Ulpien le langage de son époque ; d'un autre côté, on comprend très bien que les commissaires de Justinien se soient bornés à supprimer les restrictions qui existaient dans le texte primitif et n'aient attaché aucune importance au mot *manus militaris* dont tout le monde alors connaissait la signification.

Ce texte n'est pas d'ailleurs le seul qu'on ait fait valoir à l'appui de la doctrine que nous étudions maintenant, il y en a quelques autres dont voici le plus embarrassant (loi 46, Dig., liv. VI, tit 1). Il suppose une action en revendication ; le défendeur a refusé d'obéir à l'ordre du juge et a été condamné à la somme fixée par le demandeur sous la foi du serment ; dans cette situation, nous dit-on, la propriété passe immédiatement au défendeur qui paraît avoir transigé avec le demandeur pour le prix que ce dernier a lui-même fixé. On suppose évidemment que la somme a été payée. Voici comment on raisonne à l'appui de ce texte ; la transaction est une convention par laquelle deux parties se font des concessions réciproques ; or, toute convention suppose un accord de volontés ; mais, si le demandeur a donné son consentement à ce que le défendeur devînt propriétaire, cela suppose qu'il pouvait prendre un autre parti, lequel aurait consisté à requérir l'intervention de la *manus militaris* pour rentrer en possession de la chose.

Telle est l'argumentation dans toute sa force, et il faut avouer qu'elle paraît reposer sur une base sérieuse ; les mots : *dominium statim pertinet* semblent bien concluants, aussi a-t-on cherché à en discuter la portée en disant qu'ils ne devaient pas être pris à la lettre; c'est ce qu'a fait le jurisconsulte allemand Savigny. D'après lui, la loi ne veut pas dire que le défendeur acquiert véritablement la propriété, mais, seulement que, dans ses rapports avec le propriétaire, tout se passe comme s'il l'avait acquise; ce dernier ne pourra renouveler son action en revendication sans se voir opposer l'exception de chose jugée. Si l'on admettait, ajoute Savigny, qu'il y a dans l'espèce une véritable translation de propriété, il y aurait antinomie entre cette loi et la loi 69, Dig., liv. VI, tit. 1, qui prévoit une hypothèse voisine, celle où le défendeur s'est mis par dol dans l'impossibilité de restituer; dans ce cas, le demandeur qui a reçu la somme par lui fixée sous la foi du serment n'est pas tenu de céder ses actions ; or, comment concevoir deux solutions diamétralement opposées pour deux situations presque identiques? Il y a toutefois entre l'hypothèse de la loi 46 et celle de la loi 69, cette différence que dans la seconde le défendeur n'ayant plus la possession, n'a aucune voie de droit pour y rentrer, mais il ne doit s'en prendre qu'à lui-même, car c'est lui qui s'est créé une situation moins avantageuse ; d'ailleurs en ce cas comme dans l'autre, il sera protégé contre le propriétaire par l'exception *rei judicatæ* s'il est assez heureux pour recouvrer la chose.

Ce raisonnement est habile, ingénieux, mais devons-nous l'admettre? Nous ne le croyons pas; les mots : « *dominium statim pertinet* », nous semblent trop clairs et trop formels pour cela, mais alors, comment concilier les deux textes, et comment, d'un autre côté, répondre à l'argument que l'on tire de la loi 46 pour admettre la possibilité de l'exécution forcée de l'*arbitrium judicis ?* Voici une explication qui nous paraît meilleure, car elle accepte le texte tel qu'il est : La propriété, nous dit-elle, se transfère en droit romain, sauf quand il s'agit de *res mancipi,* par l'accord des volontés et par la tradition ; or, si le défendeur est en possession la tradition n'est pas nécessaire; quant au consentement du demandeur, il peut être, dans une certaine mesure, un consentement forcé, « *coacta voluntas sed voluntas,* » le demandeur consent à laisser la chose au défendeur, parce qu'il n'a aucun moyen d'arriver à une restitution en nature, et il préfère toucher la somme par lui fixée sous la foi du serment, plutôt que de perdre son bien sans avoir la moindre compensation; mais, remarquons-le, on ne lui impose ici aucun acte par lequel il se dépouillerait lui-même de son droit, il en serait autrement, si on voulait le forcer à une cession d'actions.

Il y a des textes où nous lisons des mots qui semblent éveiller l'idée d'une exécution forcée contre le défendeur qui résiste à l'ordre du juge.

Nous trouvons en première ligne la loi 9, Dig., liv. VI, tit. 1, où il est dit que le défendeur à l'action en revendication, une fois que le demandeur a prouvé, son droit est, s'il n'a aucune exception à opposer, dans la nécessité de restituer : « *Necesse habebit restitueret* ». Il y a là évidemment une contrainte, nous le reconnaissons, mais rien ne nous dit qu'il ne s'agisse pas seulement d'une contrainte morale résultant de la menace du *juramentum in litem* et non d'une contrainte physique; le mot *necesse* est loin d'être probant, d'ailleurs, nous pouvons raisonner d'une façon plus concluante encore pour réfuter l'argument que l'on prétend tirer de cette loi ; le texte en question a uniquement pour but de trancher une question controversée, celle de savoir si l'action en revendication pouvait être dirigée contre un simple détenteur comme un locataire, et, si celui-ci, en cas de refus d'obéir à l'*arbitrium judicis*, était exposé à voir déférer au demandeur le *juramentum in litem*, et le jurisconsulte répond par l'affirmative. Cette considération nous montre que l'argument précité est loin de reposer sur un fondement bien solide.

Pour en finir avec ce premier système : étudions encore deux textes, la loi 21 Dig. p. 4, liv. 39, tit. 1 et la loi 24, p. 2, liv. 42, tit. 5. Le premier est relatif à la théorie de la dénonciation de nouvelle œuvre ; lorsque celle-ci a eu lieu, le *nunciatus* doit interrompre les travaux que le *nuncians* lui conteste le droit d'effectuer, à moins qu'il ne fournisse une *satisdatio*, c'est-à-dire, qu'il s'engage dans la forme solennelle de la stipulation, en fournissant des fidéjusseurs à remettre les choses en état dans le cas où il perdrait son procès ; la fin du texte suppose que le *nuncians* a obtenu gain de cause et nous dit que, si la restitution des choses dans leur état antérieur n'est pas opérée, le défendeur sera condamné au montant de l'intérêt du demandeur, si celui-ci préfère l'argent à la restitution, mais cette restitution comment sera-t-elle opérée, si ce n'est *manu militari ?* Nous repoussons une réfutation consistant à dire que les mots « *si hoc petitori placuerit* », sont une invention de Tribonien, car l'interpolation est loin d'être prouvée ; mais, si nous examinons attentivement notre texte, nous verrons qu'il est étranger à la question qui nous occupe ; en effet, nous ne nous trouvons pas en face d'une action arbitraire, mais d'une *condictio ex stipulatu ;* le juge aura pour mission d'examiner si le défendeur a rempli ou non ses obligations et, dans ce dernier cas, de déclarer la stipulation commise. D'ailleurs, il est juste de dire que le demandeur a un choix ; il peut s'entendre avec le défendeur sur la nature de la satisfaction à fournir et, s'il peut tomber d'accord avec lui, tout se terminera par une absolution en vertu de la règle : *omnia judicia sunt absolutoria ;* le demandeur peut, s'il le préfère, se déclarer non satisfait des propositions de son adversaire et exiger une condamnation pécuniaire.

Arrivons à un second texte, il prévoit l'hypothèse d'un dépôt irrégulier chez un banquier dont les biens sont mis en vente à la requête de ses créanciers. Le déposant pourra, nous dit-il, si les deniers sont encore reconnaissables, les recouvrer en nature et primera tous les créanciers non privilégiés.

La loi semble considérer comme une chose certaine la rentrée en possession du propriétaire des deniers ; on en tire l'argument suivant : puisqu'il a la certitude de recouvrer ses biens c'est qu'il peut en cas de résistance mettre en branle la force publique. Nous répondrons que le texte se justifie aussi bien dans l'opinion adverse ; oui, la restitution est certaine, mais cela peut tenir à ce que le curateur n'aura pas de raisons légitimes de s'y refuser et voudra éviter la condamnation élevée, qui serait, en cas de refus, prononcée à la charge de la masse par suite de la délation du *juramentum in litem.*

Nous avons ainsi examiné en détail tous les arguments du premier système et aucun n'est absolument probant ; c'est ici le moment de dire quelques mots d'une théorie un peu différente de celle que nous venons d'étudier en ce sens qu'elle fait des distinctions. M. Demangeat ne voudrait pas que le défendeur qui refuse de restituer, prétendant faussement qu'il ne le peut pas fût traité de la même façon que celui qui, tout en résistant à l'ordre du juge, ne nie pas qu'il soit encore possesseur; contre le premier la *manus militaris* serait admise pour le punir de sa mauvaise foi, elle serait, au contraire, impossible contre le second. M. Demangeat cite à l'appui de son assertion les mots *contendens non posse restituere* de la loi 68 Dig. liv. VI tit. 1.

Nous ne saurions mieux faire que de reproduire une réfutation de cette doctrine par M. Accarias, le savant romaniste, contenu dans son *Précis de Droit Romain*. Il nous dit avec raison que le langage d'Ulpien s'explique par cette observation que la mauvaise volonté cherche presque toujours des prétextes pour se dissimuler, et que le « *non possum* » est souvent une forme polie qui signifie « *nolo* ».

Il n'y a donc aucune distinction à établir dans les deux cas : d'après nous, l'exécution forcée n'est possible dans aucun.

OPINIONS QUI ADMETTENT LA MANUS MILITARIS DANS LA
MATIÈRE DES INTERDITS.

Ceux qui admettent l'intervention de la *manus militaris* en matière d'actions arbitraires estiment qu'il faut donner la même règle pour les interdits qui contiennent la *clausula arbitraria* ; nous pensons qu'il n'en est rien et que le juge ne dispose pas ici de moyens de contrainte plus énergiques ; il y a cependant une opinion soutenue dans une thèse de doctorat par M. Barckhausen (année 1860, tome VI) et qui veut que l'exécution forcée puisse toujours avoir lieu en matière d'interdits, car, d'après elle, les interdits n'auraient été créés par le préteur que pour arriyer à une exécution en nature impossible, d'après la majorité des auteurs, au début de l'époque classique. M. Barckhausen prétend, pour justifier cette affirmation que, dans la doctrine opposée, on arriverait à rendre les condamnations absolument illusoires ; en effet, dit-il, si, après une *missio in possessionem*, le débiteur voulait empêcher le créancier d'entrer en possession, celui-ci obtiendrait la délivrance de l'interdit. *Ne vis fiat...* mais s'il ne pouvait vaincre l'injuste résistance qu'il rencontrerait, il n'obtiendrait ici qu'une condamnation pécuniaire suivie d'une nouvelle *missio in possessionem* que la mauvaise volonté du débiteur rendrait sans doute aussi inefficace que la première.

Les mêmes difficultés se rencontrent dans tous les cas où le défendeur est astreint à fournir la *cautio judicatum solvi ;* s'il s'y refuse ou s'il ne peut trouver des garants, il y a lieu à la délivrance d'un des interdits *quem fundum, quam hereditatem, quem usufructum...*, transférant la possession au demandeur ; il serait vraiment singulier, si le défendeur ne restitue pas volontairement, qu'on ne pût l'y contraindre par la force ; la menace d'une condamnation pécuniaire très élevée pourrait ne l'effrayer que médiocrement si nous le supposons insolvable, de sorte que dans l'espèce, l'interdit ne procurerait au demandeur aucun avantage. La loi 21, Dig., p. 1, liv. 39, tit. 1, nous dit qu'en cas de dénonciation de nouvelle œuvre, le *nunciatus* qui a construit sans avoir fourni une caution est obligé de détruire tout ce qu'il a fait depuis la dénonciatio : « *destruere compellitur* »; ne sont-ce pas là des expressions trop énergiques pour être regardées comme se référant à une simple contrainte morale? Nous le concédons, mais nous ferons remarquer que dans les espèces visées par M. Barckhausen tout se déroule devant le magistrat seul ; ainsi lorsqu'il y a eu *missio in possessionem*, il est tout naturel que le préteur intervienne lui-même pour mettre en possession celui à qui il a accordé cette faveur ; quant aux interdits *quem fundum, quam hereditatem*, comme les faits qui doivent motiver la décision, se passent tous devant le préteur, celui-ci n'a pas besoin, croyons-nous, de renvoyer devant un juge ; dans ces divers cas, comme dans tous ceux régis par la procédure *extra ordinem*, nous admettons sans difficulté l'intervention de la *manus militaris*.

Nous ferons la même réponse à l'argument tiré de deux autres textes où il est encore question d'exécution forcée, les p. 19 et 17 de la loi 2 au Dig., liv. 43, tit. 8. Le premier de ces fragments nous dit que celui qui a bâti sur un terrain sacré est forcé de détruire les constructions par lui élevées; ici on ne peut évidemment parler de contrainte résultant de la possibilité d'une condamnation pécuniaire, car les choses sacrées ne sont pas estimables en argent. Le p. 17 donne la même solution pour le cas où quelqu'un a construit sur un terrain public malgré l'interdiction du préteur. Dans ces deux hypothèses, le renvoi devant un juge nous paraît inutile ; or, si le magistrat termine lui-même l'affaire, il n'est pas étonnant, comme nous l'avons déjà dit et comme nous le prouverons plus tard, qu'il puisse en vertu de son imperium recourir à la force armée.

La doctrine que nous étudions tire de la loi 2, p. 8 au Digeste, livre 29, titre 3, un argument habile, ingénieux, mais qui nous paraît peu probant. Ce texte suppose qu'on demande la représentation d'un testament, et que le défendeur s'y refuse sans nier sa possession, il sera alors contraint « *omni modo* » à représenter le testament qu'il a entre les mains. Cela étant posé, voici le raisonnement de M. Barckhausen ; il y a ici, dit-il, *confessio in jure;* or, dans ce cas tout se passe comme s'il y avait eu un jugement rendu, *confessus in jure pro judicato habetur;* si donc nous avons ici l'exécution *manu militari* cela nous prouve que, s'il y avait eu renvoi devant un juge, le défendeur eût été de la même façon contraint *omni modo* à représenter. Cette conclusion ne nous semble pas exacte ; il y a entre le *confessus in jure* et le *judicatus* de très grandes ressemblances, mais il y a aussi une différence essentielle, dans le cas de *confessio in jure,* tout se passe devant le magistrat, donc on applique uniquement les règles de la procédure *extra ordinem;* dans le cas, au contraire, où il y a jugement, nous sommes dans l'*ordo judiciorum* et là, nous le démontrerons bientôt, l'exécution *manu militari* ne saurait être admise.

M. Barckhausen explique les textes où il est question de condamnation pécuniaire en matière d'interdits en disant qu'il était des cas où l'exécution par la force n'était pas possible, par exemple, si le défendeur avait perdu la possession ou avait caché la chose de telle façon qu'il fût impossible de la retrouver ; dans ce cas, évidemment une condamnation pécuniaire s'imposait.

Cette explication pourrait être satisfaisante, si nous ne rencontrions, en une matière très importante, un texte qui ne prononce qu'une condamnation pécuniaire, bien qu'une exécution *manu militari* fût très possible, et eût même été très désirable dans l'espèce ; ce texte est très embarrassant pour M. Barckhausen, qui avoue lui-même ne pouvoir répondre à l'objection qu'on en tire contre lui, et se borne à dire qu'il n'est pas possible de concilier entre eux tous les fragments des divers auteurs épars dans le Digeste. Nous faisons allusion ici à la loi 3, p. 13, Dig. liv. 43, tit. 29, relative à l'interdit de *homine libero exhibendo*, qui permet à la personne ayant obtenu la délivrance de l'interdit de se mettre en communication avec l'homme libre injustement séquestré afin d'arrêter avec lui les mesures à prendre pour la nomination d'un *vindex*. Il semble qu'il y aurait ici les raisons les plus sérieuses de faire intervenir la force armée pour contraindre celui qui détient un homme libre à l'exhiber, et cependant le demandeur n'obtiendra dans cette hypothèse en cas de refus, qu'une condamnation pécuniaire.

Nous concluons de tout cela qu'il n'y a aucune raison de soumettre les interdits à une législation spéciale en ce qui touche l'exécution forcée ; nous ferons pour eux la même distinction que nous établirons plus tard pour les jugements entre l'*ordo judiciorum* et la procédure *extra ordinem*.

CHAPITRE II

OPINION QUI REPOUSSE L'EXÉCUTION FORCÉE A L'ÉPOQUE
CLASSIQUE.

Le deuxième système imaginé par Fabre au xvi⁰ siècle
et brillamment soutenu dans les temps modernes par Savigny (1), consiste à dire que la *manus militaris* n'était
admise en aucun cas à l'époque classique, et que par suite
le *juramentum in litem* constituait l'unique sanction de
l'*arbitrium judicis*.

On a cité à l'appui de cette doctrine un texte, la loi 3,
Dig. p. 2, liv. 27, tit. 9, dont on tire un argument qui ne
nous paraît pas à l'abri de toute critique. Cette loi nous
dit que le tuteur qui, ayant intenté au nom de son pupille
l'action en revendication, accepte le payement de la *litis
estimatio* doit être regardé comme ayant aliéné mais l'aliénation n'est pas spontanée... On raisonne ainsi sur ces
derniers mots : si le tuteur avait pu exiger la restitution
et ne l'avait pas fait, il devait être regardé comme ayant
aliéné volontairement ; or, la loi nous dit expressément le
contraire. Cette argumentation n'est pas absolument pro-
bante, car on peut soutenir que ce texte vise uniquement
le point de savoir si dans l'espèce le tuteur a contrevenu

1. Consulter notamment *Traité de Droit Romain*, traduction Gue-
noux, tome V.

aux prohibitions du sénatus consulte de Septime-Sévère qui défend l'aliénation de certains biens appartenant aux mineurs et qu'il résout la question par la négative ; la raison de cette décision est que le tuteur non *sponte aliena-vit*, ce qui signifie non qu'il n'a pas aliéné volontairement, mais qu'il n'a pas aliéné spontanément, en ce sens que ce n'est pas lui qui a pris l'initiative. Toutes ces considérations nous amènent à penser que la loi en question ne tranche en aucune façon la question qui nous occupe.

Mais cette loi n'est pas la seule sur laquelle s'appuie le système que nous étudions en ce moment, il peut en effet en invoquer d'autres dont l'autorité paraît sérieuse.

Citons en première ligne la loi 9, p. 1. Digeste, liv. 47, titre 2. Elle prévoit une hypothèse où le propriétaire qui intente l'action en revendication est particulièrement digne d'intérêt ; il n'a aucune négligence à se reprocher, il a été victime d'un vol, ce serait donc le cas, s'il existait dans la loi des moyens énergiques de lui faire recouvrer son bien, de mettre en œuvre ces moyens ; or, que nous dit le texte ? Seulement que le possesseur, s'il ne restitue pas, sera condamné à la somme fixée par le demandeur sous la foi du serment ; quant à la *manus militaris*, il n'y est pas fait la moindre allusion et ç'eût été cependant le moment d'en parler, si elle avait été admise pour l'exécution de l'ordre du juge. A cette argumentation, on objecte que le texte vise le cas où la restitution est impossible par suite du dol du défendeur et où par suite le *juramentum in litem* est la seule sanction dont le juge puisse user. Cette distinction entre le cas où le possesseur ne peut et celui où il ne veut pas restituer, n'a rien d'irrationnel en elle-même, mais elle n'est pas dans le texte; celui-ci est conçu en termes généraux et vouloir en restreindre l'application à un cas spécial c'est l'interpréter d'une façon tout à fait arbitraire et qui ne trouve aucune justification dans la loi. Faisons remarquer ici que le texte en question appartient à Ulpien et peut fournir un argument à l'opinion d'après laquelle la loi 68, Dig., livre VI, titre 1, a été l'objet d'une interpolation de la part des commissaires de Justinien; en effet, si ce jurisconsulte avait estimé que l'*arbitrium judicis* eût été susceptible d'exécution forcée, il n'eût pas manqué d'en parler ici; or, il garde sur ce point un silence absolu.

Ce qui doit nous confirmer dans notre manière de voir c'est que Paul de son côté dans la loi 2, § 1, Digeste, livre 12, titre 3, ne parle que du *juramentum in litem;* il est donc sur ce point en parfait accord avec le texte d'Ulpien que nous venons d'examiner.

La loi 73 au Dig., livre 46, titre 1, est également en ce sens.

Elle s'occupe du *procurator* sans mandat qui a intenté l'action en revendication et, après avoir fourni la *cautio rem ratam dominum habiturum,* comme il y est obligé a perdu son procès : plus tard, le maître revient et, comme son droit n'a pas été déduit en justice, il agit et on suppose qu'il triomphe. Le défendeur vaincu pourra se retourner contre le *procurator* et ses fidéjusseurs en vertu de la *satisdatio,* mais ne pourra leur réclamer que la valeur de la chose et non la totalité de la somme à laquelle il aura été condamné pour avoir refusé de restituer ; ici encore, on nous parle du *juramentum in litem* comme étant le seul moyen de contrainte dont le juge dispose.

De Barandiaran   3

Pour achever d'établir notre système sur des bases sérieuses, terminons par l'examen d'un texte absolument décisif à notre avis. Loi 4, Dig., p. 3, livre 10, titre 1 ; il est relatif à l'action en bornage où le juge a reçu de la loi de très larges pouvoirs, puisque la formule de cette action est une de celles qui contiennent une *adjudicatio*. Si une cohorte armée avait été mise à sa disposition pour exécuter ses ordres, il en eût certainement fait usage dans l'espèce.

Or, que trouvons-nous dans le texte de Paul?

Il suppose que le juge ayant reconnu les limites respectives de deux fonds voisins appartenant à des propriétaires différents constate que l'un d'eux a élevé des constructions ou plantations qui empiètent sur le domaine du voisin ; ce propriétaire reçoit l'ordre de détruire les ouvrages ou d'arracher les arbres, mais qu'arrivera-t-il, s'il n'obéit pas ?

L'intervention de la force armée se justifierait très bien pour briser son injuste résistance, mais Paul ne nous en dit rien et certes on ne peut concevoir de sa part un oubli de cette importance ; il parle seulement de la possibilité pour le juge de condamner le récalcitrant au payement d'une somme d'argent.

Le système de Savigny nous paraît exact et appuyé sur les bases les plus solides, en tant qu'il écarte la *manus militaris* pour l'*ordo judiciorum* ; nous ferons remarquer, en effet, que tous les textes précités se réfèrent à la procédure ordinaire ; mais, lorsque cette opinion veut généraliser sa solution d'une façon absolue et dire que jamais en aucun cas il ne pouvait être question d'exécution forcée à l'époque classique, il nous est impossible de la suivre dans cette voie ; si nous l'admettons sans réserve pour *l'ordo judiciorum,* nous la rejetons entièrement en ce qui touche la procédure *extra ordinem ;* cette importante restriction demande à être étudiée dans un chapitre spécial.

CHAPITRE III

Nous croyons avoir démontré que la *manus militaris* ne jouait aucun rôle dans la procédure ordinaire, c'est-à-dire quand le magistrat se bornait à délivrer une formule et à renvoyer devant un juge, il nous reste maintenant à prouver que les cas exceptionnels où le magistrat connaissait de l'affaire étaient régis par des règles spéciales.

On conçoit très bien, au point de vue purement rationnel, que les solutions soient différentes dans les deux groupes d'hypothèses ; dans le premier nous ne voyons pas la possibilité, en face de tous les textes que nous avons signalés, d'admettre qu'on puisse arriver même d'une façon indirecte à l'équivalent d'une condamnation à la chose ; en effet, toutes les formules ne donnent au juge que le pouvoir de condamner au payement d'une somme d'argent ; on lui permet, il est vrai, dans la matière des actions arbitraires et dans celle des interdits dont la formule contient la *clausula arbitraria*, de chercher à procurer au demandeur une satisfaction en nature en promettant au défendeur son absolution s'il fournit cette satisfaction, en le menaçant au contraire d'une condamnation très élevée s'il refuse, mais nous ne saurions aller plus loin ; lorsque le magistrat statue en personne, nous nous trouvons dans des cas exceptionnels, nous sommes en dehors du droit commun, il est donc possible d'admettre que les principes du système formulaire puissent fléchir pour des raisons graves ; dans ces circonstances, en effet, aucune formule ne limite les pouvoirs du magistrat qui juge, il peut donc user de tous les procédés dont il dispose pour donner satisfaction à celui dont il estime les prétentions fondées ; il a auprès de lui une cohorte, des *officiales*, pourquoi ne les emploierait-il pas à assurer le triomphe du bon droit et de l'équité ?

Nous ne nous bornerons pas d'ailleurs pour justifier cette distinction que nous croyons devoir établir à montrer qu'elle est explicable et rationnelle, nous pouvons produire des arguments plus probants et citer des textes où nous voyons indiquée une différence bien caractérisée entre l'*ordo judiciorum*, manière habituelle de procéder à l'époque classique et la procédure *extra ordinem*.

Nous la trouvons notamment dans la matière des legs et des fidéicommis ; la loi 5, p. 27, Dig., liv. 36, tit. 4, prévoyant l'hypothèse où, par suite du refus par l'héritier de la *cautio legatorum*, les légataires ou les fidéicommissaires sont envoyés en possession des biens de l'hérédité, s'exprime en ces termes : « *Missus in possessionem, si non admittatur, habet interdictum propositum aut per viatorem, aut per officialem præfecti aut per magistratus introducendus est in possessionem.* »

Le mot *aut* nous montre bien qu'il y a une alternative pour le légataire, le choix entre deux voies à suivre ; la première consiste à recourir à un interdit, le texte n'ajoute rien à cela, donc on applique les règles ordinaires, c'est-à-dire, possibilité seulement d'une condamnation pécuniaire; ce qui doit nous confirmer dans notre manière de voir, c'est que si la *manus militaris* était possible, le premier parti ne différerait nullement quant à ses résultats du second qui consiste dans un recours au magistrat compétent par suite duquel le *missus in possessionem* obtient les moyens de faire respecter son droit par la force avec l'aide des *officiales;* notons aussi que, bien loin de rapprocher les interdits de la procédure *extra ordinem*, notre texte les met en opposition formelle.

Nous rencontrons cette opposition plus accentuée encore dans la loi 3 au Dig., liv. 43, tit. 4, pr. relative aux fidéicommis. Elle nous dit qu'il est préférable de réclamer l'intervention du magistrat *extra ordinem*. Ce texte s'explique très bien si le magistrat dispose de moyens dont le juge saisi par la formule ne peut user en aucun cas, on comprend alors la préférence du jurisconsulte, une condamnation pécuniaire rendrait seulement le fidéicommissaire créancier de l'héritier grevé, tandis que la mise en possession constitue une garantie efficace d'exécution, car la surveillance continuelle, dont l'héritier sera alors l'objet de la part du fidéicommissaire, finira par lui occasionner une gêne qui l'amènera sans doute à exécuter la libéralité.

La même distinction entre la procédure ordinaire et la procédure *extra ordinem* est encore nettement établie dans deux textes d'une importance capitale.

Le premier, la loi 1, p. 1. Dig. liv. 25, tit. 4, suppose un divorce après lequel la femme dissimule sa grossesse ou

nic même être enceinte ; on organise autour d'elle une surveillance pour empêcher une suppression de part, et dès
que l'enfant est né, le mari peut obtenir soit son exhibition
soit la permission de l'emmener. Evidemment lorsque le
père priait ainsi le magistrat de terminer lui-même l'affaire, l'enfant pouvait être enlevé à la mère *manu militari*, et l'on comprend que la loi ait voulu assurer au père
un moyen efficace d'arriver à son but au lieu d'être exposé
à obtenir seulement une condamnation pécuniaire ; d'ailleurs, celle-ci aurait dans l'espèce quelque chose de cho-
quant, l'intérêt du demandeur à savoir où se trouve son
enfant et à l'emmener, n'étant pas de ceux qu'on peut apprécier en argent.

Mommsen a proposé une autre ponctuation de ce texte ;
il voudrait faire des mots *extra ordinem* le commencement de la dernière phrase ; nous ferons remarquer
que la loi ainsi ponctuée devient seulement étrangère à
notre sujet, mais ne fournit aucun argument contre l'opinion que nous défendons.

Le second texte auquel nous faisions allusion est la loi
1, p. 2, Dig. liv. 25, tit. 5 ; un homme est mort laissant sa
femme enceinte, et on a envoyé celle-ci en possession des
biens de son mari au nom de son enfant à naître ; un tiers
s'est par dol emparé des biens et refuse de les restituer.
Le magistrat aura pour faire obtenir justice à cette femme
deux moyens, ou bien il interviendra lui-même en vertu de
sa *prætoria potestas* et contraindra le tiers à délaisser, ou,
et la loi semble indiquer ce parti comme meilleur, il ren-
verra à la procédure ordinaire par la délivrance d'un interdit. Le mot *potestas* montre bien que le magistrat dis-

posait de moyens de contrainte énergiques, et qu'en vertu de son *imperium*, il pouvait recourir à la force publique ; ici encore, nous voyons les interdits nettement opposés à la procédure *extra ordinem* et rapprochés de l'*ordo judiciorum*. Un mot, en terminant sur une objection que l'on pourrait nous faire ; pourquoi ce texte, contrairement aux deux précédents, conseille-t-il de préférence le renvoi devant un juge ? Cela peut s'expliquer ; ici une condamnation pécuniaire pourra plus facilement que dans les deux cas précédents donner satisfaction aux intérêts en jeu qui sont parfaitement appréciables en argent, dès lors, pourquoi déroger au droit commun ?

Nous croyons avoir maintenant établi que les cas où le magistrat jugeait lui-même étaient les seuls où, à l'époque classique, il pouvait être question d'exécution forcée, mais notre travail serait incomplet si nous nous bornions à indiquer seulement le principe d'une façon générale ; il nous reste à rechercher quels étaient les principaux cas où le magistrat était appelé à intervenir, et où par suite la *manus militaris* était destinée à jouer un rôle.

Avant d'aborder cette étude, il serait intéressant, puisque nous parlons des règles spéciales à la procédure *extra ordinem*, de dire quelques mots des deux autres moyens de coercition dont disposait le magistrat pour faire exécuter les décisions par lui rendues. Il y avait, en effet, des cas où l'exécution *manu militari* n'était pas possible, par exemple, lorsqu'il s'agissait d'un fait personnel ; le magistrat pouvait alors prononcer contre le récalcitrant une amende, c'était le jus *multæ dictionis*, ou faire saisir un de ses biens, c'était le *jus pignoris capionis* (L. 1, p. 3, Dig. Liv. 25, tit. 4).

L'amende prononcée par le magistrat en vertu du *jus multæ dictionis* était arbitraire au début, mais lorsque l'on eut admis la *provocatio ad populum* ou appel au peuple contre les décisions des magistrats, les amendes, dépassant 3020 as, durent être prononcées en justice, le magistrat ne conserva donc plus la faculté de prononcer qu'une amende égale ou inférieure à ce taux. Cette limite de l'amende prononcée comme voie de coercition est appelée *multa suprema* (1). Le taux *maximum* de l'amende demeura-t-il toujours le même pour tous les magistrats, quel que fût leur rang? Non au moins depuis la fin du IVᵉ siècle et sous Justinien ; alors le *maximum* varie suivant les magistrats (Code L. IV et L. VI Liv. I, tit. 54), mais ce changement s'était-il déjà produit dans la législation antérieure? On ne peut rien affirmer sur ce point.

Le *jus pignoris capionis* consistait dans le droit pour le magistrat de faire saisir l'un des biens appartenant à celui qui refusait de lui obéir, afin d'exercer sur lui une contrainte ou même seulement de le punir, l'objet saisi étant généralement détruit. En général, une pareille saisie ne portait que sur des meubles, cependant, il était possible de l'opérer aussi sur des immeubles, car les auteurs nous parlent de champs dévastés et de maisons rasées sur l'or-

---

1. Voir Aulu-Gelle. *Nuits Attiques.* — Consulter sur le *jus multæ dictionis* et le *jus pignoris capionis*, Mommsem. *Droit Public Romain*, traduction Girard.

dre du magistrat pour châtier celui qui avait bravé son autorité.

On voit par ces détails que le magistrat possédait des moyens de contrainte efficaces pour vaincre les résistances qu'il pouvait rencontrer.

CHAPITRE IV

Le mot *cognitio extraordinaria* est pris à l'époque classique dans deux sens différents, il y a d'abord un sens
étroit où il désigne une décision rendue par le magistrat
sur un vrai procès pour lequel le renvoi devant un juge
se concevrait très bien ; on se trouve alors en face d'une
véritable exception au droit commun, et les termes
employés pour qualifier la procédure sont rigoureusement
exacts, mais nous rencontrons les mêmes mots appliqués
à d'autres cas où, par la nature même des choses, le
magistrat devait être appelé à intervenir en vertu de son
imperium et où les règles de la procédure ordinaire
auraient été inapplicables ; nous voulons parler de certaines mesures de protection ou de coercition, comme les
envois en possession, les *restitutiones in integrum*.
Cependant, en y regardant de près, on peut encore justifier ici l'expression de « procédure *extra ordinem* » si l'on
observe, comme le dit avec raison M. Keller (*De la Procédure et des Actions chez les Romains*, traduction Cap-
mas), qu'avec le temps, on exigea pour ces affaires dans la
personne du magistrat une compétence plus élevée que celle
nécessaire dans les cas où il y avait simplement lieu de
constituer un *judicium* (L. 4, Dig. liv. II, tit. 1).

COGNITIO EXTRAORDINEM DANS SON SENS LARGE.

Nous commencerons par nous occuper de la *cognitio extraordinaria* prise dans son sens le plus large.

Nous avons vu que les interdits étaient en dehors de la procédure ordinaire, sous le système des actions de la loi ; à cette époque, lorsque le magistrat avait donné un ordre en vertu de son *imperium*, on n'allait pas plus loin et il recourait immédiatement à toutes les voies d'exécution dont il pouvait disposer. Sous la procédure formulaire, la situation s'est bien modifiée ; il est vrai qu'il y a encore des interdits comme ceux destinés à protéger les lieux sacrés et les places publiques, et quelques autres encore dont nous avons eu occasion de parler, où le magistrat ne renvoie pas devant un juge, mais c'est l'exception. Ordinairement, lorsque le défendeur conteste qu'il soit dans le cas prévu par l'interdit, le préteur ne vérifie pas lui-même l'exactitude de ses allégations, mais il y a lieu à la délivrance d'une formule et à l'application pure et simple du droit commun en ce qui concerne les voies d'exécution. Nous nous sommes déjà suffisamment étendu sur la matière des interdits pour les points qui touchent à notre question, nous croyons donc inutile d'insister plus longuement en ce qui les concerne.

Les stipulations prétoriennes constituent un second groupe d'hypothèses rentrant dans la même catégorie. Ce sont des mesures prises par le magistrat pour sauvegarder certains intérêts ; il crée des garanties qui n'existaient pas dans le droit civil, en exigeant de l'un des plaideurs une promesse solennelle, ordinairement accompagnée de *satisdatio,* c'est-à-dire garantie par des fidéjusseurs, et ce afin de protéger efficacement l'adversaire. Ulpien nous indique trois catégories de stipulations prétoriennes; il les divise en *judiciales, cautionales* et *communes* (L. 1 pr. Dig. liv. 46, tit. 5). Les stipulations *judiciales* sont celles destinées à assurer la marche d'un procès; la *satisdatio judicatum solvi* exigée du défendeur à une action réelle est l'exemple typique de ce genre de promesses imposées par le magistrat. Les droits du demandeur sont ainsi protégés d'une façon particulièrement énergique, car si le défendeur perd son procès et se trouve alors insolvable, les cautions, répondront pour lui des condamnations pécuniaires. S'il refuse de *satisdare,* nous savons qu'il y a lieu à la délivrance d'un des interdits *quem fundum, quam hereditatem;* l'ordre du magistrat est exécutoire *manu militari.*

Nous rencontrons un autre exemple du même genre dans la théorie de la dénonciation de nouvelle œuvre où une caution est exigée du *nunciatus* qui veut continuer les travaux avant la solution du litige. Ici encore, en cas de refus, nous trouvons une *missio in possessionem* que sanctionne certainement l'intervention de la force publique, et le *nuncians* a le droit de détruire tout ce qui a été fait depuis le jour de la dénonciation. Les stipulations *cautionales* ont pour but de créer une obligation là où primitivement il n'en existait aucune; telle est la *cautio legatorum* dont nous avons déjà parlé dans le chapitre précédent, telle est encore la *cautio damni infecti.* Celle-ci suppose que mon fonds menace de nuire au vôtre, ex: mon mur menace de s'écrouler sur votre maison; le préteur, dans cette hypothèse, m'obligera à promettre la réparation du dommage que mon immeuble pourrait vous causer, dans la mesure où j'aurais pu l'empêcher. Le refus de la *cautio* entraîne votre envoi en possession de mon immeuble, et évidemment, si je résiste, on mettra mon adversaire en possession *manu militari* (Voir Dig. Liv. XXXIX, tit. II). Il y a encore d'autres cas d'application de la *cautio damni infecti*, mais comme il n'y a pas alors de *missio in possessionem*, ils ne rentrent pas dans notre sujet. Enfin, une troisième catégorie de stipulations prétoriennes, les stipulations *communes* participent à la fois de la nature des deux précédentes ; ce sont les *vadimonia* ou engagement pris par le défendeur *in jure*, lorsqu'une deuxième comparution devant le magistrat est nécessaire ; il s'engage à reparaître devant celui-ci à jour déterminé sous peine de payer une certaine somme.

Nous avons déjà parlé à plusieurs reprises des *missiones in possessionem* ou droit accordé par le magistrat à une personne de se mettre en possession d'une ou plusieurs choses déterminées. En général, nous l'avons vu, cet envoi a une double sanction, car il y a deux voies à suivre entre lesquelles on peut opter, délivrance d'un interdit avec renvoi à la procédure ordinaire ou exécution du décret de *missio in possessionem* par l'*officium magistratus extra ordinem*, c'est-à-dire par la force.

Le magistrat était encore compétent pour statuer sur les demandes de *restitutiones in integrum* : lorsqu'il avait prononcé la *restitutio*, il avait le choix entre deux manières de procéder, ou bien il tirait lui-même les conséquences de sa décision et avait alors incontestablement le droit de mettre en branle la force publique (Loi 41, Dig., liv. 4, tit. 4). Ou bien, il faisait renaître l'action éteinte par l'évènement ou l'acte contre les conséquences duquel le réclamant demandait à être restitué (Loi 13, p. 1. Dig., liv. 4, tit. 4), il délivrait ensuite cette action avec une formule fictive dans laquelle la fiction consistait à faire regarder comme non avenu l'acte ou l'évènement dont il avait rescindé les effets ; dans ce dernier cas nous pensons que le recours à la *manus militaris* n'était jamais admis. Le magistrat s'arrêtait sans doute à ce dernier parti quand les conséquences de la *restitutio* étaient un peu compliquées, par exemple, s'il s'agissait d'un contrat synallagmatique, car il fallait alors une appréciation délicate pour arriver à fixer le montant des restitutions à opérer par chacune des parties en cause.

Nous croyons enfin que le secours du préteur était également accordé en cas de *confessio in jure ;* en effet, quelle serait alors la mission du juge ? Il n'y a plus de question à trancher ; le *confessus in jure* semble par son aveu avoir renoncé à la situation plus douce que lui créait l'*ordo judiciorum* pour se soumettre à tous les moyens de contrainte dont dispose le magistrat ; c'est devant celui-ci que s'est déroulée la procédure tout entière, il se présente donc à nous comme seul compétent pour sauvegarder les droits qu'il a reconnus au demandeur en prenant acte de l'aveu de la partie adverse.

COGNITIO EXTRAORDINEM DANS SON SENS ÉTROIT.

Il y avait certains procès peu nombreux à l'origine, mais

dont le nombre augmenta de plus en plus, où le magistrat remplissait les fonctions de juge; c'était lui qui examinait la question litigieuse et qui rendait la sentence. Il existait des hypothèses où l'on croyait qu'il valait mieux ne pas renvoyer devant un *judex*, c'étaient par exemple les demandes d'aliments formés entre ascendants et descendants ou par un patron contre son affranchi; c'était encore le *suspecti crimen* ou poursuite dirigée contre un tuteur à raison de malversations ou d'une négligence coupable dans sa gestion. Les contestations relatives aux honoraires des médecins et des avocats étaient, elles aussi, de la compétence du magistrat; on donnait la même solution pour les demandes formées contre l'une de ces personnes pour faits relatifs à l'exercice de leur profession; elle n'était pas limitée aux demandes reconventionnelles pour lesquelles elle s'imposait presque, mais elle était étendue même aux demandes principales. Le magistrat connaissait, en outre, des difficultés relatives à l'exécution des jugements. Quant aux *causæ fiscales* elles étaient, elles aussi, soustraites au droit commun, mais, c'était à certains magistrats seuls qu'il appartenait d'en connaître; elles ne pouvaient être jugées que par le *procurator Cæsaris* ou par un *præfectus.* Il faut ajouter à notre liste certaines matières dont le droit primitif ne s'était pas occupé, telle que celle des fidéicommis réglementés seulement par le droit impérial, car ce n'est que sous le règne d'Auguste qu'ils devinrent obligatoires pour le fiduciaire; on institua même un préteur spécial chargé de juger les litiges relatifs à leur exécution et qui reçut le nom de *prætor fideicommissarius.*

Nous nous sommes bornés à indiquer les principaux cas où le magistrat était compétent, et nous en resterons là.

Même quand le magistrat statuait dans un procès, comme l'aurait pu faire un juge ordinaire, et non en vertu de son *imperium*, il disposait toujours des mêmes moyens de contrainte et par suite l'exécution *manu militari* était admise toutes les fois qu'elle était matériellement possible. On comprend que les décisions rendues par lui aient toujours une sanction plus énergique que celles du juge, qui était, il ne faut pas l'oublier, un simple particulier, n'ayant aucun caractère officiel. Le rôle de la *manus militaris* devient chaque jour plus important à mesure que nous approchons de la fin de l'époque classique ; le droit d'évocation que l'empereur s'était réservé contribuait beaucoup à augmenter le cas où elle était applicable ; lorsque l'affaire ainsi évoquée avait été jugée, soit par le prince lui-même, soit, comme cela arrivait plus fréquemment, par un délégué de l'empereur, chargé de statuer *vice principis*, la décision intervenue était exécutoire *manu militari*.

Les cas où le magistrat est appelé à remplir les fonctions de juge deviennent de plus en plus nombreux, depuis le moment où le système formulaire commence à tomber en désuétude ; on en a compris les inconvénients, mais on ne le renverse pas tout d'un coup, ce n'est que graduellement qu'on le bat en brèche et qu'on arrive à le détruire ; nous trouvons là ce trait caractéristique du droit romain, le respect des vieilles institutions ; les Romains semblaient hésiter longtemps avant de faire disparaître les lois surannées, ils préféraient chercher les moyens de les tourner, d'en éviter indirectement les conséquences, plutôt que de les supprimer entièrement. La procédure *extra ordinem* apparaît au début comme une anomalie, puis, son domaine s'élargit et, enfin, Dioclétien consacre son triomphe d'une façon définitive. Désormais le magistrat connaîtra en personne des affaires, et c'est lui qui rendra la sentence; la vieille distinction du système formulaire entre le magistrat et le juge a donc disparu pour toujours; il semble cependant que nous en retrouvions encore dans notre droit moderne, un souvenir dans l'institution du jury, souvenir très affaibli, il est vrai, car les jurés ne sont appelés à trancher que des questions de fait, tandis que le juge romain avait aussi à statuer fréquemment sur des questions de droit.

CHAPITRE V

Nous avons étudié les diverses phases qu'a traversées la procédure romaine pour arriver à la généralisation de l'exécution *manu militari ;* il nous reste pour terminer notre travail à dire quelques mots de la législation qui régissait notre matière dans le dernier état du droit romain, c'est-à-dire sous Justinien.

La condamnation à la chose était sous le règne de ce prince, comme nous l'avons dit en débutant, prononcée toutes les fois qu'elle était possible, et la force armée était toujours aux ordres du juge pour vaincre les résistances· Cette règle comportait toutefois des tempéraments ; en premier lieu, la *manus militaris* pouvait bien suppléer à un acte matériel comme une mise en possession, mais non à un acte juridique, comme une translation de propriété ; le droit romain n'a pas connu, en effet, la théorie de notre Code civil, d'après laquelle la propriété est transférée par un simple accord de volontés, pourvu qu'il s'agisse d'un corps certain, aussi, dans bien des hypothèses, où de nos jours nous admettrions sans difficulté la condamnation à la chose et l'exécution forcée, nous la rejetterons sans hésiter sous la législation de Justinien. Supposons, par exemple, une stipulation de *dare ;* le débiteur se refuse à exécuter le contrat, c'est-à-dire à rendre le créancier propriétaire de la chose promise, et se voit actionné en justice par ce dernier; le juge, saisi du litige, condamnera-t-il à la chose même qui a fait l'objet du contrat? Nous ne le croyons pas, pour cette raison que le consentement du défendeur est nécessaire pour la translation de propriété, et que la sentence du juge ne peut en tenir lieu, car c'est seulement en cas d'adjudication qu'il a reçu la faculté de créer un droit de propriété.

Nous venons de parler d'un contrat de droit strict, mais la controverse naît dans les mêmes termes pour un contrat de bonne foi, la vente. Si le vendeur, bien que propriétaire de la chose vendue, ne veut pas en faire la tradition à l'acheteur, une condamnation à la chose pourra-t-elle être prononcée? On l'a soutenu disant d'un côté que le vendeur était seulement tenu *de prœstare* de procurer à l'acheteur la possession paisible et durable et que, d'un autre côté, celui-ci, une fois nanti de la chose, en deviendrait légitime propriétaire après l'expiration du laps de temps nécessaire pour l'usucapio '. Nous répondrons que, s'il est vrai en principe que le vendeur soit tenu seulement *de prœstare*, on ne doit pas oublier qu'il est également astreint à tout ce qu'exige la bonne foi ; il doit transmettre à l'acheteur tous les droits qu'il a lui-même, par conséquent, dans l'espèce il doit *tradere*, or, comme c'est là un acte juridique, on ne peut l'y contraindre par la force. Quant à la seconde objection consistant à parler de la possibilité d'usucapion, nous ne saurions l'admettre, car d'après nous, l'acheteur ne pourra usucaper ; il lui faudrait, en effet, pour cela, un titre de nature à transférer la propriété, une tradition volontaire qui dans l'espèce fait entièrement défaut. La loi 4 au Code, liv. IV, tit. IX, constitution de Dioclétien et de Maximien, est évidemment favorable à notre manière de voir. Dans un cas analogue à celui sur lequel nous raisonnons elle ne parle pas d'exécution par la force, mais se borne à dire que le président de province estimera l'intérêt de l'acheteur et déduira cette somme dans le chiffre de la condamnation. En vain, vient-on nous dire que le texte exact sous Dioclétien ne l'est plus sous Justinien ; la réponse pourrait être embarrassante si la loi en question se référait à l'*ordo judiciorum* ; mais elle vise certainement la procédure *extra ordinem*, or, au temps de Justinien, tous les *judicia* sont *extraordinaria*, il n'y a donc pas de raison de ne pas admettre la même solution.

Il y a encore une autre situation à prévoir, c'est le cas où le défendeur n'a plus la possession ; dans ces circonstances, une condamnation pécuniaire s'impose ; si c'est par dol qu'il a cessé de posséder, il pourra par suite de la délation du *juramentum in litem* être condamné comme sous le droit classique à une somme très élevée.

Donc, en résumé, l'exécution forcée, qui à l'époque classique avait d'après nous un caractère tout à fait exceptionnel, est devenue sous Justinien une règle applicable aussi bien aux interdits qu'aux jugements. Elle ne fléchit que devant un obstacle de droit, car la force peut briser seulement un obstacle de fait, théorie que nous retrouvons dans notre droit moderne, dont la législation du Bas Empire contient déjà à cette époque les principaux éléments.

DROIT FRANÇAIS

DES DISPENSES DE RAPPORT

INTRODUCTION

Le rapport imposé par le Code civil à tout successible qui a reçu une libéralité du *de cujus* a pour but de sanctionner le principe de l'égalité entre cohéritiers ; cette égalité serait rompue si l'un d'eux pouvait cumuler le bénéfice d'un legs ou d'une donation entre vifs avec la part qu'il est appelé à recueillir dans les biens laissés par le défunt. Celui-ci n'est jamais présumé en principe avoir eu l'intention d'avantager un de ses héritiers au détriment des autres ; s'il a donné entre vifs, il est censé n'avoir voulu faire qu'un avancement d'hoirie, s'il a disposé par testament, on interprète sa volonté en ce sens qu'il a entendu laisser au légataire le choix entre deux partis : accepter le legs à la condition de renoncer à la succession ou se contenter de sa part héréditaire avec obligation en ce cas de laisser à la masse le bien légué.

Toutefois, il n'y a là qu'une simple présomption qui tombe devant la preuve contraire; en effet, si la loi pose le principe de l'égalité, elle n'en fait pas une règle absolument impérative enchaînant le disposant lui-même ; elle lui permet de soustraire ses successibles au rapport des libéralités dont il les a gratifiés, et exige seulement que sa volonté sur ce point soit bien claire et manifestée dans de certaines conditions; s'il en est ainsi, elle lui accorde la plus grande latitude et n'oppose à sa capacité de disposer librement de tous ses biens d'autres restrictions que celles résultant des règles sur la quotité disponible et la réserve.

D'ailleurs, le législateur lui-même apporte au principe par lui établi quelques exceptions dictées par des considérations d'ordres divers, et surtout, croyons-nous, par une interprétation de la volonté probable du *de cujus* telle qu'on la présume bien qu'elle ne soit pas exprimée ; ainsi l'article 852 édicte une dispense de rapport pour certaines libéralités, frais de nourriture, d'éducation, présents d'usage, etc., nous examinerons plus tard comment ce texte se justifie et quels en doivent être la portée et le champ d'application, bornons-nous pour le moment à le mentionner. Citons encore l'article 918 qui dispense du rapport dans des hypothèses tout à fait spéciales sur lesquelles nous aurons à revenir. Quant aux articles 847 et 849, ils constituent dans une opinion deux nouvelles exceptions au principe de l'obligation au rapport; il y a sur ce point les plus vives controverses.

L'ancien droit était d'une façon générale bien loin de se montrer en cette matière aussi libéral que le Code civil, il serait donc intéressant, avant d'aborder l'étude détaillée des dispenses de rapport telles qu'elles sont organisées aujourd'hui par la loi, de résumer les diverses phases de cette institution depuis ses origines jusqu'à nos jours ; nous nous bornerons à un tableau rapide des transformations successives qu'elle a subies pour arriver à la conception actuelle de notre droit.

CHAPITE PREMIER

DROIT ROMAIN

Notre législation sur le rapport s'est formée d'éléments divers empruntés les uns au droit romain, les autres à notre vieux droit coutumier. Ce n'est que dans les constitutions impériales que nous pouvons trouver l'origine du rapport tel que nous le concevons aujourd'hui, car la *collatio bonorum* du droit classique en diffère essentiellement quant à son fondement et à ses résultats : nous commençons à trouver un embryon de notre théorie moderne dans la *collatio dotis* qui consiste à obliger le descendant qui a reçu d'un ascendant une libéralité entre vifs à titre de dot ou de donation *ante nuptias* à effectuer à la succession de l'ascendant donateur le jour où il est appelé à la recueillir *ab intestat* conjointement avec d'autres héritiers, le rapport du bien donné (loi 17. Code de coll. liv. VI, tit. 20); une autre loi (loi 20, p. 1, *eodem*) étend cette règle à toute espèce de donations entre vifs faites par l'ascendant à son descendant, mais notons qu'elle aussi vise uniquement les successions *ab intestat*, ce n'est que sous Justinien que nous la voyons appliquée également aux successions testamentaires, mais le rapport n'est toujours

dû qu'*inter fratres* et seulement pour les donations entre
vifs. Justinien permet au donateur (Novelle 18, ch. VI) de
dispenser du rapport pourvu qu'il le fasse « *expressim* » ;
ce mot est pris dans le sens d'*évidenter* et signifie seulement que la volonté de dispenser doit être claire et certaine ; c'est du moins ainsi que les jurisconsultes des pays
de droit écrit ont toujours interprété le mot « *expressim* ».
D'ailleurs l'héritier peut toujours se soustraire au rapport
en renonçant à la succession (loi 9, Digeste de coll. liv. 37,
tit. 6).

ANCIEN DROIT

Dans l'ancienne France, les pays de droit écrit adoptent
la théorie romaine dans son dernier état, c'est-à-dire, telle
qu'elle existe dans le droit de Justinien, nous n'avons donc
pas à nous en occuper. La législation des pays de coutume
est bien loin d'être aussi simple, d'abord en raison de la
grande diversité des coutumes entre elles et ensuite de certaines modifications apportées à la notion romaine du rapport par cette idée que nul ne peut être à la fois héritier et
légataire ; on en conclut que le légataire appelé à la succession en qualité d'héritier doit opter entre les deux qua-
lités mais n'a pas le droit de les cumuler.

Les cas où le rapport est exigé deviennent de plus en plus
fréquents, en général, l'égalité n'apparaît comme essentielle
qu'entre descendants, mais quelques coutumes l'impo-
sent aussi entre collatéraux et d'autres plus rares même
entre ascendants.

Le droit coutumier, et c'est là ce qui doit surtout nous

arrêter, est en général particulièrement sévère en ce qui touche les dispenses de rapport. Pour la législation régissant cette matière, nos coutumes peuvent se diviser en trois groupes, les coutumes dites d'égalité absolue, les coutumes de simple égalité et enfin celles de préciput.

Les premières, de beaucoup les plus nombreuses au début, poussent à l'extrême le principe de l'égalité et ne permettent pas qu'il y soit dérogé dans la plus faible mesure ; elles décident que le rapport est dû, nonobstant toute dispense de la part du *de cujus,* non seulement par l'héritier acceptant mais encore par le renonçant ; le seul fait d'être appelé à la succession suffit pour que le bénéfice d'une donation entre vifs ou d'un legs venant du défunt, ne puisse être conservé. Cette législation si rigoureuse subit avec le temps des atténuations ; nous la trouvons en vigueur surtout dans l'ouest de la France ; citons les coutumes du Maine, d'Anjou et de Touraine.

Les coutumes de simple égalité proclament aussi en principe l'incompatibilité de la qualité d'héritier et de celle de donataire ou légataire, mais d'une façon moins absolue ; en effet, si le rapport est imposé toujours aux descendants et parfois aux collatéraux et aux ascendants, lorsqu'ils viennent à la succession, le successible a toujours la facculté de se soustraire au rapport par une renonciation. Telle est la décision de la coutume de Paris et de celle d'Orléans ; c'est devenu le droit commun des pays de coutume à la fin de l'ancien régime. Non content de poser des règles si sévères, on cherche à prévenir les fraudes consistant à employer un biais pour tourner ces prohibitions gênantes ; celle que nos anciens jurisconsultes prévoient en premier lieu est l'interposition de personnes ; n'ayant pas la possibilité de gratifier directement son successible, le *de cujus* peut avoir l'idée de faire en apparence une libéralité au fils, au père ou au conjoint de ce dernier, en le chargeant secrètement de faire parvenir le profit de la donation à celui qui dans sa pensée doit être le véritable donataire ; pour assurer la stricte application de la loi, les coutumes établissent une présomption absolue d'interposition pour les libéralités faites à ces personnes et les soumettent en conséquence au rapport ; le successible rapporte donc non seulement ce qu'il a reçu lui-même, mais encore ce qui a été donné à son fils ; quant aux libéralités adressées à son père ou à son conjoint, on discute un peu plus, mais on décide en général qu'il ne doit le rapport que dans la mesure où il en a profité.

Cette théorie des rapports pour autrui ne fonctionne naturellement qu'à l'égard des successibles astreints eux-mêmes à l'obligation de rapporter, aussi, les donations faites aux enfants des collatéraux échappent-elles dans beaucoup de provinces à l'application de ces principes rigoureux.

Nous arrivons maintenant au troisième groupe de coutumes à celles dites de préciput ; ici non seulement l'héritier peut en cas de renonciation conserver le bénéfice du don ou du legs à lui fait par le défunt, mais encore celui-ci peut le dispenser d'effectuer le rapport, même pour le cas où il accepterait la succession.

Enfin pour terminer notre tableau, citons la coutume d'Artois, qui se trouve être seule de son espèce et où, contrairement aux principes généralement admis, le rapport est prohibé même pour les dons déclarés faits en avancement d'hoirie.

DROIT INTERMÉDIAIRE

Au lendemain de la Révolution de 1789, on devait tout naturellement être porté à exagérer les idées égalitaires, aussi la loi du 17 nivôse an II interdit-elle formellement toute libéralité au profit d'un héritier ; son intention est d'éviter que le droit d'aînesse ne se maintienne en fait dans les familles nobles par esprit de tradition, mais elle dépasse évidemment le but poursuivi. Quelques années après, la loi du 4 germinal an VIII consacre le système des coutumes de préciput et décide que des dons et legs pourront dans la mesure de la quotité disponible être faits aux enfants et autres successibles du disposant sans être sujets à rapport. On a discuté sur la portée du texte de cette loi ; d'après les uns, il en résulte une dispense légale, de telle sorte que le rapport ne peut être exigé que si le *de cujus* l'a imposé ; s'il n'a rien dit, il est présumé avoir voulu donner par préciput ; d'après les autres, la seule innovation de la loi de germinal consiste en ce qu'elle permet la dispense rendue impossible par la loi de nivôse ; nous nous bornons à signaler cette controverse qui ne présente plus aujourd'hui qu'un pur intérêt historique. Nous arrivons ainsi au Code civil qui a admis lui aussi la possibilité des libéralités préciputaires, et nous allons examiner dans quelles conditions.

CHAPITRE II

Nous avons déjà indiqué au début de notre étude la double source des dispenses de rapport qui peuvent émaner : 1° de la volonté du de *cujus ;* 2° de la loi, et encore, le législateur, là où il édicte une dispense, semble-t-il, d'après nous, comme nous aurons ultérieurement l'occasion de le démontrer, rechercher avant tout l'intention probable du défunt. La volonté du disposant est donc nécessaire, mais suffit-il qu'elle existe, ne faut-il pas en outre qu'elle soit exprimée et n'est-elle pas assujettie par le Code à des conditions de forme?

La théorie générale en notre matière se trouve dans l'article 843, qui pose le principe du rapport pour toute libéralité entre vifs ou testamentaire, directe ou indirecte, faite au successible héritier, à moins, dit-il : « que les dons « et legs ne lui aient été faits expressément par préciput « et hors part ou avec dispense de rapport. »

Avant d'aborder l'analyse de ce texte, signalons une légère incorrection de langage dans la rédaction, il aurait fallu écrire « par préciput ou hors part » ces deux expressions étant synonymes entre elles et synonymes des mots « avec dispense du rapport. »

Cela étant dit, que trouvons-nous dans la loi ? Cette

règle, que toutes les donations sont soumises au rapport et qu'il n'y a même pas lieu de faire exception pour les libéralités indirectes, c'est-à-dire résultant d'actes qui de leur nature ne sont pas des donations ; celles-ci peuvent revêtir des formes diverses, remise de dette, renonciation à une succession avantageuse pour gratifier un cohéritier ou un héritier du degré subséquent, donations déguisées sous l'apparence d'un contrat à titre onéreux ou faites avec interposition des personnes, etc. Il y a toutefois controverse sur le point de savoir si ces deux dernières catégories de libéralités rentrent dans les donations indirectes visées par l'article 843, mais ce n'est pas ici le moment d'examiner la question que nous retrouverons plus tard et que nous étudierons alors en détail.

La loi semble nous dire qu'une dispense formellement exprimée est nécessaire et exclure par là la possibilité d'une dispense tacite, mais nous ne croyons pas qu'il faille donner au mot « expressément » un sens aussi étroit et aussi rigoureux ; à notre avis, il est l'équivalent du mot « expressim » employé par Justinien dans la Novelle 18, ch. VI, dont nous avons déjà parlé et dont les rédacteurs du Code semblent s'être inspirés ; donc pour nous, il n'est pas essentiel que la dispense soit littérale ou légale, pourvu que la volonté du disposant soit claire et manifeste ; nous n'irons pas toutefois jusqu'à dire que la preuve de cette volonté peut se faire par tous les moyens possibles ; ce serait évidemment contraire au texte de la loi qui ne saurait se prêter à une interprétation aussi libérale. On a voulu, par exemple, induire la dispense de circonstances extrinsèques comme la prédilection du *de cujus* pour le successible gratifié ; cette doctrine est inadmissible ; car, outre qu'elle laisse dans une trop large mesure porte ouverte à l'arbitraire des tribunaux, ce qui est déjà un inconvénient sérieux, elle ne repose sur aucun fondement légal.

Est-ce à dire que les circonstances de fait soient choses absolument indifférentes? On l'a soutenu, mais cela nous paraît également exagéré ; d'après nous, si elles ne suffisent pas à elles seules pour soustraire l'héritier au rapport, elles pourront au moins servir à interpréter l'acte de donation ; mais c'est de cet acte seul, que l'on peut, croyons-nous, déduire la dispense quand elle n'est ni littérale, ni écrite dans la loi, pourvu qu'il n'y ait aucun doute sur la volonté du défunt. Il est des cas où la nature de la libéralité, les conditions qui l'accompagnent, sont absolument incompatibles avec l'obligation au rapport, de sorte que vouloir l'imposer serait aller évidemment à l'encontre de l'intention non seulement probable mais certaine du *de cujus*.

En résumé, il faut avant tout que le donateur ait voulu dispenser et que cela ressorte clairement de l'acte lui-même, ce n'est que dans ces conditions que nous reconnaîtrons la possibilité d'une dispense tacite. Quel sera alors le rôle du tribunal ? Il consistera uniquement à dégager le sens véritable de l'acte ; ce sera donc une pure question de fait échappant au contrôle de la Cour Suprême dont l'intervention ne serait admissible que si les juges avaient motivé leur décision en droit, et s'étaient appuyés sur l'interprétation d'un texte de loi. Ce pouvoir souverain d'appréciation dans les limites par nous indiquées a été reconnu aux tribunaux par la Cour de Cassation elle-même dans un arrêt de rejet de la Chambre des Requêtes du 14 mars 1853. Sirey, 53, 1, 267.

Nous admettrons en conséquence trois catégories de dispenses de rapport que nous étudierons successivement : 1° dispenses littérales ; 2° dispenses légales ; 3° dispenses tacites ; nous commencerons par les deux premières pour lesquelles nous avons des textes, et nous laisserons pour la fin de notre étude la troisième où, en l'absence de dispositions formelles de notre code, les difficultés sont fréquentes et les controverses, nombreuses.

Notons, pour en finir avec ces notions générales, que la dispense émanée d'un donateur ne vaut que pour sa propre succession ; cette remarque peut paraître bizarre, mais trouve cependant son application dans une hypothèse spéciale, celle d'une dot constituée en biens de la communauté par le mari à l'un des enfants communs ; l'enfant doté ne devra pas le rapport à la succession de son père, mais ne sera pas dispensé de l'effectuer pour moitié à la succession de sa mère, dans le cas où celle-ci, par suite de l'acceptation de la communauté, se trouverait avoir contribué à la donation.

CHAPITRE III

DES DISPENSES LITTÉRALES.

La dispense littérale, comme nous l'apprend l'article 919 du Code civil, peut résulter, soit de l'acte même qui contient la libéralité, soit d'un acte postérieur rédigé dans la forme des dispositions entre vifs ou testamentaires. Cette exigence de la loi est facile à justifier ; en effet, la dispense de rapport, qui améliore de beaucoup la situation du gratifié, constitue en réalité une seconde libéralité se greffant sur la première, il est donc tout naturel de décider qu'elle doit être faite dans la forme des dispositions à titre gratuit ; par conséquent, une dispense écrite dans un acte sous-seing privé autre qu'un testament ou, à plus forte raison, une dispense orale même avouée par le donateur, ne sauraient être efficaces, car d'un côté, elles ne sauraient valoir comme dispenses littérales ne réunissant pas les conditions légales pour cela, de l'autre elles ne pourraient rentrer dans la catégorie des dispenses tacites, car outre qu'elles sont exprimées, elles ne résultent pas de l'acte même de donation.

D'ailleurs la dispense n'est pas nécessairement assujettie aux mêmes formes que la libéralité par elle visée ; ainsi, le disposant peut très bien insérer dans son testament une clause dispensant du rapport une donation entre vifs par lui faite précédemment. La forme de l'acte de dispense n'est pas chose secondaire, car la dispense participe de la nature de l'acte dans lequel elle est contenue ; si c'est un testament, elle est révocable, même si elle se rapporte à une donation entre vifs qu'il n'appartient pas au donateur de révoquer sauf dans des cas exceptionnels ; si, au contraire, il s'agit d'un acte réalisant les conditions exigées par l'article 931 du Code civil, il devient irrévocable comme le serait une donation, c'est-à-dire du jour où l'acceptation du donataire a été notifiée au donateur ; la dispense par testament, si elle a l'inconvénient de n'assurer au bénéficiaire aucun droit certain jusqu'au décès du disposant a au moins l'avantage de ne pas exiger la formalité de l'acceptation.

Les formes sur lesquelles nous venons de nous étendre sont incontestablement prescrites à peine de nullité lorsque la dispense intervient postérieurement à la libéralité; l'article 919, p. 2, ne peut nous laisser aucun doute sur ce point, mais faut-il se montrer aussi rigoureux quand la dispense et la libéralité sont contenues dans un seul et même acte ? Voici le cas où la question peut se présenter : Une libéralité accessoire à un contrat à titre onéreux a été dispensée du rapport par le contrat même qui n'a pas été passé suivant les formes requises pour la validité des donations entre-vifs ; la libéralité est valable, *quid* de la dispense?

Supposons, par exemple, pour mieux préciser, qu'un père vende à l'un de ses fils un immeuble valant 200000 francs pour un prix de 150000, et déclare dans l'acte de vente lui donner par préciput la somme de 50000 francs, différence entre la valeur réelle du bien vendu et le prix de vente. Les autres enfants pourront-ils, au jour de la mort du père, obliger leur frère à rapporter à la succession cette somme de 50000 francs en alléguant que la dispense n'a pas été régulière, et doit, en conséquence, être regardée comme nulle et non avenue ? Nous ne le croyons pas et nous déciderons que la dispense qui est un accessoire de la donation, ne doit pas être traitée avec plus de rigueur que la disposition principale, et doit par suite, en vertu du principe : *Accessorium sequitur principale,* être regardée comme inattaquable. Notre solution n'est d'ailleurs contredite par aucun texte, l'article 919, p. 2, visant uniquement les dispenses postérieures à la libéralité et laissant ainsi tout entière la question que nous venons de trancher.

Pour qu'une dispense littérale soit efficace, il faut, mais il suffit que les formes légales soient remplies, la loi n'impose aucun terme sacramentel aux parties ; si l'article 843 emploie les expressions à titre de préciput, hors part ou avec dispense de rapport, ce ne sont là que des exemples ; la chose essentielle est ici que la volonté du *de cuius* soit exprimée en termes suffisamment clairs, ainsi nous admettrons qu'il y a incontestablement et sans que le tribunal ait par suite rien à apprécier dispense littérale de rapport dans la clause suivante d'un testament :

« Je lègue à Primus l'immeuble A ; que mes héritiers se partagent le reste de ma succession dans la mesure de leur vocation légale. »

Nous pourrions multiplier les exemples, mais nous croyons avoir suffisamment éclairci les principales difficultés que pourrait présenter la matière des dispenses littérales et il nous paraît inutile d'insister plus longuement sur ce point.

CHAPITRE IV

Après avoir terminé avec les dispenses expresses dérivant de la volonté du disposant, nous arrivons à celles qui sont écrites dans les textes mêmes du Code. Nous rencontrons en premier lieu dans l'article 852, toute une catégorie de donations dispensées du rapport, et nous trouvons ensuite dans l'article 856 l'indication de certains objets que le donataire n'est pas obligé de rapporter; ces deux articles présentent ce caractère commun de viser uniquement des libéralités directes, tandis que les articles 853 et 854 s'occupent au contraire de contrats n'ayant pas la forme des donations mais susceptibles de contenir une libéralité indirecte sujette au rapport; la loi se méfie de ces conventions qui peuvent cacher des fraudes à ses dispositions, ce qui explique le soin méticuleux avec lequel elle a déterminé les conditions que ces actes doivent remplir, pour que l'obligation au rapport des avantages pouvant en résulter ne prenne pas naissance.

Nous sommes donc tout naturellement amenés à diviser notre chapitre des dispenses légales en deux paragraphes, et à étudier: 1º les donations directes; 2º les contrats pouvant renfermer une libéralité indirecte.

l'esprit et à la lettre de la loi de vouloir traiter l'enfant d'une façon différente suivant qu'il est majeur ou mineur, marié ou non.

La jurisprudence est loin d'être unanime sur la question qui nous occupe, et nous trouvons parfois dans les considérants des arrêts des motifs qui peuvent avoir une certaine valeur morale, mais que nous croyons dénués de force au point de vue juridique, à cause de la généralité des expressions du Code civil ; ainsi il a été jugé (Requêtes, 12 août 1818), que le rapport était dû par un fils qui avait été logé par son père et ne l'avait indemnisé par aucun travail ; en sens inverse, un arrêt de la Cour de Bordeaux du 8 août 1838, a décidé qu'il n'y avait lieu au rapport dans l'espèce, bien que la mère eût pourvu aux logement, nourriture et entretien de son fils, car elle avait trouvé une compensation à ce supplément de dépense dans la société de son fils qui l'avait aidée dans l'administration de ses biens.

Nous nous rallierons à la doctrine formulée dans un arrêt de la Cour de Douai du 26 janvier 1861, Dalloz, 61-2-235. Il décide avec raison que l'enfant qui a vécu dans la maison de sa mère et n'a fait que profiter de l'entretien qu'elle jugeait convenable de lui accorder n'est tenu pour cette cause à aucun rapport ; la Cour va même très loin dans cette voie puisqu'elle ajoute « même si les dépenses ont dépassé les revenus » ; nous examinerons plus tard la question de savoir s'il faut aller jusque-là. Un arrêt de la Chambre des Requêtes du 13 août 1823 a admis avec raison que les frais d'aliments donnés dans la maison du père commun pendant une année à un enfant doté et marié ne sont pas rapportables.

Nous posons donc en principe que les frais de nourriture, d'entretien, d'éducation et d'apprentissage faits en faveur d'un successible quelconque ne sont pas sujets à rapport, mais nous n'avons pas résolu ainsi toutes les difficultés ; il est, en effet, des questions délicates devant lesquelles le doute est permis, car on a peur de dépasser la portée exacte de la loi.

Ce qu'il y a d'important à noter, c'est qu'en ce qui concerne les frais que nous venons de citer, l'article 852 s'exprime de la façon la plus générale, ce qui nous autorise à prendre les mots dans leur sens le plus large. Ainsi les frais d'éducation comprendront ceux faits pour permettre à l'enfant d'acquérir un grade universitaire, et nous ne limiterons pas notre solution aux grades inférieurs, mais nous l'étendrons à celui de licencié, de docteur en droit et même à celui de docteur en médecine ; nous baserons ces décisions sur les motifs suivants que nous empruntons à M. Demante, *Cours Analytique de Code Civil*. « L'obtention d'un grade, nous dit-il, ne constitue pas un établissement, mais l'aptitude à en former un. » Pour qu'il y ait établissement, il faut qu'on puisse immédiatement commencer l'exercice sérieux d'une profession de façon à en retirer sur-le-champ, sinon quelques bénéfices au moins des moyens d'existence ; c'est ce qui a lieu par exemple lorsque le disposant procure à son successible un office ministériel ; ici, il en est autrement, les grades universitaires ne font en général que faciliter l'accès à une carrière ; il y aurait lieu d'hésiter peut-être pour celui de docteur en médecine qui permet au titulaire de prendre aussitôt la qualité de médecin, mais on ne pourra le considérer comme établi que du jour où il aura une clientèle et pour cela le grade ne suffit pas.

Nous ferons rentrer dans les frais d'étude ceux qui ont été faits pour l'achat des livres nécessaires, même s'ils ont atteint en s'accumulant une somme assez importante, mais il faut pour cela qu'il s'agisse seulement de livres destinés à la préparation des examens ; si le *de cujus* avait fait don à son successible d'une véritable bibliothèque, celui-ci ne pourrait, à notre avis, invoquer l'article 852 pour éviter le rapport.

Les observations que nous venons de présenter au sujet des frais d'éducation doivent s'étendre à ceux d'apprentissage sur lesquels nous ne croyons pas devoir nous arrêter spécialement.

Malgré les termes si généraux de la loi il est cependant des cas où l'on peut hésiter avec raison, c'est par exemple celui où un père a fait pour l'un de ses enfants des dépenses rentrant dans celles prévues par l'article 852, mais hors de proportion avec sa fortune et excédant notoirement ses revenus ; la dispense de rapport dans cette hypothèse ne serait-elle pas une violation flagrante du principe de l'égalité entre cohéritiers, et ne cesserait-elle pas d'être conforme aux vœux véritables du législateur? Beaucoup d'auteurs ont soutenu l'affirmative ; les revenus sont excédés, il est vrai, les autres enfants peuvent éprouver un sérieux préjudice, cependant malgré ces raisons, nous préférons la négative ; le principe de l'égalité est violé, nous dit-on, mais la loi autorise le *de cujus* à avantager un des héritiers au détriment des autres et, du moment qu'il a choisi une forme qui par elle-même dispense du rapport, il a nettement exprimé sa volonté que nous devons respecter tant qu'elle n'est contraire à aucun texte. Le motif même sur lequel repose notre solution nous dictera immédiatement un tempérament à apporter à notre règle ; oui, le défunt a pu dispenser du rapport mais on ne doit se conformer à ses désirs que dans la mesure où la loi autorise la dispense, c'est-à-dire, tant que les libéralités n'excèdent pas la quotité disponible. Un arrêt de la Cour de Nancy du 20 janvier 1830 a décidé que le rapport devait être effectué dans un cas où l'enfant doté et sa famille avaient vécu pendant des mois à la charge du *de cujus* et où la quotité disponible avait été dépassée. Nous croyons que le rapport pouvait être exigé dans l'espèce, mais seulement dans la mesure où la réserve était entamée et non, comme l'a fait la Cour, pour la totalité des libéralités.

Bien que les termes de la loi soient très compréhensifs, il faut se garder de toute exagération, c'est-à-dire, qu'il convient de rester dans les cas strictement prévus et de ne pas raisonner par analogie : ainsi nous déciderons que les sommes payées par le *de cujus* pour les intérêts d'une dette du successible sont rapportables, même si la dette contractée par ce dernier concerne son éducation ou son entretien, car nous rentrons alors dans le domaine de l'article 851, qui est lui aussi très général ; si au contraire, le défunt s'est engagé lui-même envers un tiers à payer les dépenses d'éducation et d'entretien de son parent, nous sommes de nouveau dans une des hypothèses dont s'occupe l'article 852, et nous serons par suite tout disposés à admettre qu'il y a là une libéralité préciputaire.

D'ailleurs l'article 852 ne vise que les donations entre vifs et ne s'appliquerait pas au legs fait à l'un des cohéritiers d'une certaine somme destinée à pourvoir à sa subsistance et aux divers frais prévus par notre article.

Nous arrivons maintenant à une libéralité d'un caractère tout spécial à l'assurance contractée par un père au profit d'un ou plusieurs de ses enfants. Pourra-t-on dire ici qu'il y a donation par préciput ? La question se dédouble ; elle se pose : 1º pour le capital même de l'assurance ; 2º pour les primes payées par le *de cujus*.

Il faut pour la résoudre en connaissance de cause, nous demander tout d'abord en quoi consiste ici la libéralité et, pour cela, il est indispensable de nous rendre compte de la nature et du mécanisme du contrat d'assurance sur la vie au profit d'un tiers. La chose n'est pas aisée ; en effet, le code et les lois postérieures sont entièrement muets et ne nous fournissent aucun élément d'information. Nous serons donc obligés de former de toutes pièces notre doctrine sur ce point, ce que nous ferons au moyen de l'analyse juridique du contrat qui nous occupe, mais là encore surgissent des difficultés sur la solution desquelles les auteurs sont loin d'être d'accord ; nous nous bornerons à exposer rapidement les principaux systèmes qui ont été proposés et nous consacrerons ensuite quelques développements à celui qui nous paraît devoir être adopté.

Une première opinion voudrait voir dans le contrat d'assurance sur la vie une gestion d'affaires ; l'assuré, d'après elle, ne stipule pas en son propre nom, mais en celui d'un tiers, le bénéficiaire de l'assurance qui, s'il ratifie, c'est-à-dire, s'il déclare vouloir profiter de la convention, est censé avoir seul dès le début traité avec la compagnie d'assurances ; il y a toutefois cette réserve que, si le bénéficiaire ne donne pas sa ratification, le bénéfice du contrat reviendra à l'assuré lui-même ou plutôt à sa succession. Cette théorie prête à des critiques sérieuses ; il est de l'essence de la gestion d'affaires de conférer *hic* et *nunc* au géré le droit de ratifier, quand il lui plaira, la convention conclue en son nom, et il n'appartient pas au gérant de le lui retirer ; ce dernier était libre de traiter en son propre nom, s'il ne l'a pas fait, il ne doit s'en prendre qu'à lui-même, mais il est irrévocablement lié envers le géré. **Trouvons-nous** ces conditions réunies dans le contrat d'assurance ? Non, une pratique et une jurisprudence constantes les excluent ; toutes les polices reconnaissent en effet à l'assuré le droit de rompre le contrat en cessant de payer les primes ; il y a donc là un moyen de détruire ce qui a été fait, moyen dont la jurisprudence reconnaît la légitimité tant que le bénéficiaire n'a pas déclaré vouloir profiter du contrat. Dans cette opinion, le capital de l'assurance ne fait l'objet d'aucune donation, la gestion d'affaires est un service gratuit, mais ne constitue pas une libéralité ; cependant, comme le gérant d'affaires s'est engagé ici personnellement à payer les primes sans avoir l'intention d'en exiger le remboursement, il faudra décider qu'il y a donation jusqu'à concurrence des primes soldées par l'assuré.

Il est préférable de rattacher l'assurance sur la vie à la théorie des stipulations pour autrui dont parle l'article 1121 du Code civil. Cet article exige que le stipulant ait un intérêt personnel au contrat ; or, cet intérêt existe ici pour l'assuré ; en effet, c'est lui ou plutôt sa succession qui recueillera le bénéfice de l'assurance si le bénéficiaire ne le recueille pas, ce qui peut se produire dans trois hypothèses, si le bénéficiaire refuse l'avantage qui lui est offert, s'il prédécède ou enfin, si avant son acceptation, l'assuré revient sur ce qu'il a fait. S'il y a stipulation pour autrui, le droit de révocation dans les limites par nous indiquées se comprend à merveille ; il est expressément autorisé par la loi elle-même (art. 1121 *in fine*) où il est dit que la révocation ne cesse d'être possible, que le jour où le tiers a déclaré vouloir profiter de la stipulation faite en sa faveur. Mais une fois que l'on s'est mis d'accord pour reconnaître qu'il y a stipulation pour autrui, doctrine admise par la jurisprudence, on n'arrive pas à s'entendre sur tous les caractères de l'acte qui intervient. D'après les uns, il s'analyserait en deux opérations distinctes un contrat à titre onéreux entre la compagnie et l'assuré, et une offre de donation faite par ce dernier au bénéficiaire auquel il propose de lui céder] sa créance ; la donation devient parfaite par l'acceptation du donataire, jusqu'à ce jour le donateur conserve la faculté de révoquer.

Irréprochable au point de vue théorique, ce système présente des inconvénients pratiques des plus graves ; il doit forcément être amené à décider que l'acceptation du bénéficiaire, pour produire ses effets, doit intervenir avant le décès de l'assuré, or le tiers, désigné dans la police, n'est en général averti qu'après ce décès de l'offre qui lui est faite, et alors il serait trop tard pour l'accepter, solution qui nous paraît inadmissible. — Cette doctrine aboutirait à dire que, même si l'acceptation du tiers avait lieu au

De Barandiaran   6

moment même de la signature de la police, la créance du capital de l'assurance serait entrée au moins pendant un instant de raison dans le patrimoine de l'assuré, que, par suite, il y aurait libéralité pour le montant même de la créance.

D'autres auteurs ont cherché à expliquer ce contrat un en apparence sans être obligés de le scinder en deux actes distincts. Une explication a été proposée par M. Thaller (voir la note sous arrêt de la Cour de Besançon, 2 mars 1887, Dall., 88-2-1) ; d'après lui, il y a un engagement contracté par la compagnie envers l'assuré d'offrir au jour du décès de ce dernier le capital de l'assurance, au bénéficiaire désigné ; le droit de celui-ci sur la somme, en cas d'acceptation de sa part, n'a jusqu'au jour où se produit l'évènement qui rend le capital exigible, existé pour personne, donc il n'a jamais fait partie du patrimoine de l'assuré ; on comprend alors très bien le droit de révocation et la possibilité pour le bénéficiaire d'accepter après la mort de l'assuré, mais cette théorie présente des lacunes ; ainsi elle ne nous dit pas ce qui se passera si la compagnie refuse de tenir ses engagements ; elle nous parle bien d'une action en résolution de la part de la succession de l'assuré, mais cette action sera-t-elle toujours efficace ?

Si la compagnie n'a reçu qu'un petit nombre de primes elle aimera mieux en restituer le montant et rompre le contrat, de sorte que le bénéficiaire sera frustré du gain qu'il pouvait légitimement espérer ; lui, de son côté aura-t-il une action autre que celle de l'article 1166, peu avantageuse, car elle l'expose au concours avec les créanciers de l'assuré ? Nous ne voyons pas où il la puiserait, car il n'a pas contracté avec la compagnie et, de plus, la théorie dont nous nous occupons écarte toute idée de cession d'action de la part de l'assuré, puisque le droit sur l'assurance n'existait pas du vivant de ce dernier. Nous repousserons donc cette doctrine à cause des conséquences regrettables auxquelles elle aboutit.

Nous donnerons la préférence à une théorie moderne exposée dans une note sous un arrêt de la Cour de Nancy du 17 janvier 1888, Dall., 89-2-153, et qui nous paraît donner une analyse ingénieuse, mais très satisfaisante de l'assurance sur la vie.

D'après elle, tout se réduit à un contrat à titre onéreux par lequel la compagnie s'engage moyennant le paiement des primes, à verser à une date fixée mais d'échéance incertaine, une somme déterminée, soit à l'assuré lui-même ou à ses héritiers, soit à une tierce personne suivant diverses éventualités qui peuvent se produire ; c'est là une obligation alternative, mais d'une nature toute particulière, car ce n'est pas la détermination de l'objet, mais celle du créancier qui dépend d'une option à exercer. A qui appartient ici cette option ? A la fois à l'assuré et au bénéficiaire par lui désigné ; en effet, il dépend de ce dernier d'accepter ou de répudier à son gré le bénéfice du contrat qui lui est offert, et il est loisible au premier de fixer le droit sur sa propre tête en déclarant avant l'acceptation du bénéficiaire qu'il entend que la somme soit au jour de son décès versée dans sa succession. Cette opinion pousse encore plus loin l'analyse ; elle ne voit pas ici une obligation alternative ordinaire, mais une obligation alternative d'une catégorie toute spéciale, une obligation facultative. L'assuré se présente à nous comme jouant le rôle de créancier principal et le bénéficiaire comme étant seulement créancier *in facultate solutionis;* c'est, en effet, le premier seul que connaît la compagnie, c'est envers lui seul qu'elle s'engage directement. Ainsi l'on explique sans difficulté le droit de disposition reconnu à l'assuré par les polices et aussi la rétroactivité du droit du bénéficiaire qui, par son acceptation, est censé avoir seul dès le début figuré au contrat (voir notamment en ce sens arrêt de la Cour de Nancy du 17 janvier 1888 précité), de sorte que le capital assuré est réputé lui avoir toujours appartenu et n'avoir jamais fait partie du patrimoine de l'assuré. La rétroactivité de la condition mise au droit du bénéficiaire, nous paraît, contrairement à l'opinion de la jurisprudence, devoir être admise, même si l'assuré, après avoir désigné le bénéficiaire, s'est réservé le droit de racheter l'assurance à la compagnie, de la donner en nantissement ou de transmettre la propriété du contrat à toute autre personne; en effet, ne l'oublions pas, il est le créancier principal et le droit du bénéficiaire ne devient irrévocable que par une acceptation conformément aux principes généraux admis en matière de stipulation pour autrui. Deux mots, en terminant, sur une objection que l'on serait peut-être tenté d'adresser à notre théorie : « Vous créez, nous dira-t-on, une catégorie d'obligations facultatives dont le code ne dit pas un mot, car il ne parle que de celles facultatives quant à leur objet ». Nous le concédons, mais nous ferons observer que nous ne rencontrons dans la loi aucun obstacle, reste donc le principe de la liberté des conventions.

Maintenant que nous sommes fixés sur la nature du contrat d'assurance, demandons-nous dans quelle mesure il y a libéralité? Nous avons déjà résolu la question pour les deux premières des opinions que nous écartons, il nous reste à la trancher dans notre système et dans celui de M. Thaller, car les deux explications ont cela de commun, que l'acte pour chacune d'elles ne révèle pas *a priori* l'idée d'une donation pour le capital de l'assurance, mais ne l'exclut pas non plus. En examinant de près la situation, l'on constate que s'il n'y a pas libéralité directe, il y a au moins un avantage gratuit retiré du contrat par le bénéficiaire et, comme c'est l'assuré qui le lui a procuré en consentant à payer les primes, il lui a fait implicitement une donation. Ce qu'il y a de certain d'après nous c'est que le capital de l'assurance ne sort pas directement du patrimoine de l'assuré, mais ce patrimoine n'en fournit-il pas au moins l'équivalent? Nous devrions répondre par l'affirmative si nous admettions une opinion d'après laquelle le capital assuré se formerait par la capitalisation des primes, mais nous la rejetons entièrement. Elle est contredite par le fonctionnement même des compagnies d'assurance ; en effet, si l'assuré vient à mourir après avoir seulement versé la première prime, la compagnie n'en devra pas moins la totalité du capital de l'assurance ; il y a donc incontestablement un aléa et il faut chercher une autre explication. L'on nous dira peut-être que la compagnie compte sur les chances de longévité de quelques-uns de ces clients et espère ainsi réparer d'un côté les pertes qu'elle subira de l'autre, mais on doit convenir qu'un pareil calcul ne lui offrira pas une sécurité absolue ; les assurés ont toujours la faculté de résilier le contrat en cessant de payer les primes, ce n'est donc pas sur eux que la compagnie, si elle est prudente, devra compter. Voici l'explication qui nous paraît la meilleure et qui est confirmée par la comptabilité même des compagnies : le capital à payer au décès de chaque assuré est formé par les primes versées dans la dernière année par tous les assurés appartenant à la même catégorie que le défunt. La compagnie s'arrange de façon à ce que la totalité des primes versées chaque année par tous les associés du même âge suffise à peu près sûrement à payer les assurances qui pourront devenir exigibles. Elle calcule, grâce aux tables de la mortalité, combien il peut en moyenne se produire de décès parmi un certain nombre d'hommes d'un âge déterminé ; ainsi supposons que sur 100 personnes d'un âge quelconque il en meure habituellement environ 4 par an et que le capital de l'assurance soit de 100.000 francs ; la compagnie aura sans doute à payer : 100.000×4 ou 400.000 francs, elle exigera alors de chaque associé de ce groupe une prime de $\dfrac{400.000}{100} = 4.000$ francs.

Nous avons indiqué le calcul tel qu'il se ferait pour une assurance temporaire d'un an à raison d'un capital assuré de 100.000 francs ; or, tout contrat d'assurance, quelle que soit sa durée, se compose de contrats temporaires greffés les uns sur les autres, l'assuré n'étant jamais lié à la fois que pour un an. Cependant, le montant des primes devrait s'accroître chaque année, la mortalité augmentant avec le temps dans un même groupe ; la prime toutefois est fixée une fois pour toutes, mais la compagnie calcule pour cela une moyenne, entre les divers chiffres indiqués par les tables de mortalité pour chaque âge à partir de celui qu'a l'assuré au jour où il contracte.

Ce sont donc les assurés survivants qui fournissent les fonds destinés à réparer le préjudice subi par les ayants-cause de décédés.

Nous avons ainsi établi que le patrimoine du *de cujus* ne s'est pas appauvri du montant de l'assurance, mais on doit reconnaître d'un autre côté qu'il a manqué de s'enrichir, car le *de cujus,* au lieu de stipuler pour autrui, aurait pu stipuler pour lui-même ou pour ses héritiers ; il n'a rien donné *de suo,* mais il a répudié un bénéfice pour en faire profiter son successible. Cette double considération nous permettra d'expliquer deux solutions en apparence contradictoires données par la Cour de Cassation. Elle a décidé à peu de jours d'intervalle que la femme bénéficiaire d'une assurance contractée par le mari ne devait pas le rapport à la faillite de ce dernier, Ch. Civ. 22 février 1888. Dall. 88, 1, 198, tandis qu'elle imposait, au contraire, le rapport du capital à la succession de l'assuré, quand le bénéficiaire était un successible de ce dernier (Ch. Civ. 8 février 1888, Dall. 88-1-201). La Cour ne conteste pas qu'il y ait libéralité dans le premier cas aussi bien que dans le second, et cependant elle établit entre les deux hypothèses une différence essentielle, dont elle n'explique pas clairement les motifs, mais qui se comprend très bien, si l'on admet l'exactitude de notre analyse du contrat d'assurance. Si le mari a seulement négligé de s'enrichir, on conçoit que les créanciers ne puissent se plaindre ; en effet, l'on décide en général qu'ils n'ont le droit de faire tomber que les actes par lesquels le débiteur a empiré sa condition et non ceux par lesquels il a uniquement refusé de la rendre meilleure ; cette vieille distinction du droit romain n'est pas, il est vrai, formellement reproduite par nos codes, mais ils sont trop laconiques sur une question de cette importance pour qu'on puisse trouver dans leurs dispositions tous les éléments d'une théorie complète. L'article 1167 du Code civil parle vaguement d'actes faits en fraude des droits des créanciers, et l'article 564 du Code de commerce prévoit un cas spécial où il y a présomption de fraude ; mais c'est là tout ce que nous trouvons dans la loi, aussi croyons-nous que le législateur a implicitement renvoyé à la tradition pour les points où il laissait des lacunes dans son œuvre.

Lorsque le bénéficiaire de l'assurance est un successible, la question change de face ; on peut effectivement se demander si la libéralité ainsi faite, dont l'existence est indiscutable, ne constitue pas en réalité une donation indirecte, tombant sous le coup de la disposition générale de l'article 843 du Code civil, et comme telle astreinte au rapport ? On pourrait douter que le législateur eût l'intention de montrer une sévérité aussi grande, si lui-même ne nous révélait l'esprit de ses dispositions dans un des textes du Code civil, l'article 854 que nous étudierons bientôt. Cet article exige pour dispenser le successible qui a formé une société avec le défunt du rapport des profits qu'il en a retirés : 1º la constatation de la société par acte authentique ; 2º l'absence de fraude. Nous n'avons pas à parler maintenant de la première condition sur laquelle nous reviendrons ultérieurement, mais arrêtons-nous quelques instants sur la seconde. La fraude à laquelle la loi fait allusion consiste uniquement ici à créer au successible dans l'association une situation privilégiée, par exemple, en lui attribuant une part plus forte dans les gains que dans les pertes, ou une part des profits non proportionnelle à sa mise ; ces conventions très légitimes et parfaitement valables en matière de société, ne rendront pas le contrat nul, mais feront naître une obligation au rapport si le successible vient effectivement à la succession de son coassocié ; il n'y a pas dispense, car celle-ci n'est admise qu'à de certaines conditions qui font défaut dans l'espèce.

Pourtant, ici le *de cujus* n'a pas retiré de son patrimoine ce dont s'est enrichi celui du successible, il n'a pas diminué sa fortune, il a seulement négligé de l'augmenter. Donc le capital de l'assurance peut être regardé comme ayant fait l'objet d'une donation indirecte pour laquelle l'obligation en rapport se conçoit très bien.

Cela étant posé, y aurait-il ici quelque raison de déroger au droit commun ? Nous ne le pensons pas ; en effet, bien que l'assurance puisse rentrer dans les frais d'entretien, étant destinée à pourvoir à la subsistance du successible, nous ne saurions lui reconnaître le caractère précipitaire en vertu de l'article 852 ; ce texte ne s'occupe, comme nous l'avons dit plus haut, que des frais d'entretien antérieurs au décès du *de cujus* et l'on ne saurait arbitrairement étendre son domaine.

Peut-on au moins raisonner par analogie et soutenir qu'il y a ici les mêmes motifs d'admettre la dispense que pour les libéralités de l'article 852 ? Non, à notre avis, car aucune des raisons fondamentales par lesquelles nous avons expliqué cette disposition de notre Code civil ne se retrouve ici. L'on ne peut dire en premier lieu que le donataire n'ait réalisé aucun enrichissement, car le capital assuré représente un émolument d'une certaine importance. D'un autre côté, trouvons-nous, et c'est là le point essentiel, la volonté probable de la part du *de cujus*, de dispenser du rapport? Non, car ici on n'a pas à redouter les mêmes difficultés que pour la fixation du *quantum* des frais d'éducation et d'entretien ; la police d'assurance qui se trouvera évidemment parmi les papiers du défunt révèlera le montant de la libéralité sans qu'il soit possible d'élever la moindre contestation à ce sujet. En troisième lieu, ce ne sont pas des revenus seulement, mais un véritable capital, dont les héritiers de l'assuré se trouvent privés par l'effet de la libéralité. Donc le capital de l'assurance est sujet au rapport.

Nous n'exigerons pas concurremment le rapport des primes bien qu'elles aient été payées en vue de procurer un avantage à un successible ; les cohéritiers doivent se trouver dans la même situation que si la libéralité n'avait pas eu lieu ; or, si l'assuré n'avait pas indiqué un tiers bénéficiaire, sa succession aurait bien recueilli le capital, mais les primes auraient été irrévocablement perdues pour elle ; en aucun cas elle n'eût cumulé le capital et les primes. Notre opinion est admise par une jurisprudence constante ; sans parler des arrêts récents déjà cités, auxquels nous nous bornons à renvoyer, nous relèverons d'autres décisions plus anciennes (Besançon, 15 décembre 1869, Sirey, 70-2-201. — Rouen, 6 février 1878, Dall., 78-2-189).

Demandons-nous maintenant, pour en finir avec la question de rapport en matière d'assurance, comment la résoudraient ceux qui estiment que la libéralité consiste ici, non dans le capital, mais dans le montant des primes payées.

Si elles ont été prises sur le capital du *de cujus*, on aboutit à la même conclusion que dans notre système, mais *quid*, si elles ont été payées sur les revenus seulement? Dans ce dernier cas, on a voulu soutenir (voir en ce sens M. de Cacqueray, *Revue pratique de droit français*, 1863, tome XVI) que le rapport n'était pas dû. « Quand la libéralité, nous dit-on, porte sur des biens que le *de cujus* aurait sans doute dépensés et dont par suite ses héritiers n'auraient pas profité, le législateur la regarde comme ayant en elle-même le caractère préciputaire; l'article 852 en est un exemple typique; or, nous nous trouvons en face d'une espèce analogue à celles dont il s'occupe. » Nous répondrons qu'à supposer même qu'il soit établi que les primes ont été soldées uniquement sur les revenus, le capital n'a pas été directement entamé, c'est vrai, mais il y a eu obstacle à son accroissement; en effet, les primes en question qui, prises individuellement. ont déjà une certaine importance, ont pu atteindre en s'ajoutant les unes aux autres une somme assez élevée, de sorte que, vraisemblablement le défunt les a prises souvent, non sur l'argent destiné à être dépensé, mais sur ses économies qui, placées, auraient grossi son capital. Il a donc pu y avoir un appauvrissement sensible de son patrimoine au détriment des enfants non avantagés, ce qui fera naître l'obligation au rapport, à la charge de l'enfant favorisé. Vouloir soutenir qu'il suffit qu'une libéralité soit prise sur les revenus pour qu'elle soit par cela seul dispensée du rapport serait dangereux, aussi avons-nous bien pris soin, au début de ce chapitre, de dire que nous n'entendions nullement avancer une semblable assertion. Une telle règle conduirait à des résultats inacceptables, car elle nous amènerait à décider que, si une donation ou un legs avait pour objet une maison de valeur considérable, mais achetée par le disposant avec les économies faites sur ses revenus pendant de longues années, ce seul fait entraînerait dispense de rapport ; personne cependant n'oserait aller jusque-là.

Même dans l'opinion de nos adversaires, nous ne trouvons pour exempter du rapport aucun des motifs que nous avons donnés pour base à l'article 852 ; le bénéficiaire s'est enrichi, les cohéritiers ont éprouvé un préjudice, enfin, il n'y a aucune raison de présumer chez le *de cujus* la volonté de donner par préciput, car ici encore, l'on parviendra sans difficulté à connaître le chiffre exact de la libéralité.

Nous concluons de ce qui précède que, quelle que soit la doctrine qu'on adopte sur la nature de l'assurance sur la vie au profit d'un tiers, l'on doit toujours arriver à écarter ici toute idée de libéralité préciputaire ; il ne pourra donc y avoir de dispense de rapport que dans les formes de droit commun.

L'article 852 considère encore comme donations faites par préciput les frais ordinaires d'équipement pour le service militaire ; ici, la loi n'est plus tellement large, elle s'exprime en termes restrictifs, aussi, le rapport sera-t-il imposé par tout ce qui dépasse les frais ordinaires. Les tribunaux auront en cette matière un pouvoir d'appréciation assez étendu ; ce sera avant tout une question de fait et l'on aura égard à la fortune du disposant; ainsi, il a été décidé par arrêt de la Cour de Caen du 5 décembre 1849, Dall., 54, 2,197, que le rapport pouvait être exigé pour les chevaux et la charrette fournis par un père à l'un de ses fils afin de lui permettre d'entrer dans l'administration des charrois militaires ainsi que pour le cheval et l'uniforme dont ce père avait fait don à un autre fils pour que celui-ci pût rester dans la cavalerie.

On décidait également avec raison que les sommes payées à la décharge d'un successible, avant la loi de 1872, pour le remplacement militaire et sous le régime de cette loi, pour le volontariat d'un an, étaient rapportables ; cependant, on apportait au principe un tempérament très sage en ajoutant que le rapport cessait d'être dû quand le *de cujus*, en faisant cette dépense, avait eu en vue plutôt son propre intérêt que celui de son parent, quand, par exemple, ce dernier lui était utile pour l'aider à diriger une exploitation.

On conçoit que la loi exempte du rapport les frais de noce, car ils se justifient par des raisons de convenance et peuvent être considérés comme faits non seulement pour le conjoint successible, mais encore pour la famille tout entière ; il faut d'ailleurs qu'il s'agisse de frais de noces proprement dits, c'est-à-dire, de ceux qui sont l'accompagnement en quelque sorte obligatoire du mariage, et nous ne reconnaîtrons pas ce caractère aux déboursés et honoraires relatifs au contrat de mariage ; le rapport en sera dû à notre avis (voir en ce sens Douai, 8 février 1845. Dall., 45, 4, 444).

Sont également dispensés du rapport les présents d'usage, ce qui ne doit pas comprendre seulement ceux de noce, mais encore ceux qu'on a coutume d'offrir à l'occasion du jour de l'an, de la fête du successible ou d'un anniversaire de famille. Il y a souvent difficulté, pour les cadeaux faits au moment du mariage, sur le point de savoir s'ils constituent de simples présents d'usage non rapportables, ou s'ils doivent rentrer dans les frais d'établissement, prévus par l'article 851 et soumis aux règles du droit commun. La question sera résolue d'après les circonstances de fait ; ici encore, nous croyons qu'il faudra rechercher avant tout l'intention probable du *de cujus ;* il y aura à tenir compte de sa fortune, car, ce qui pour les uns ne représentera aucun sacrifice pécuniaire, et pourra être regardé comme un cadeau d'usage, sera, au contraire, pour les autres, une véritable libéralité, faite en vue de l'établissement du successible, et qu'il n'y aura par suite aucun motif de soustraire au rapport. C'est en raisonnant de la sorte qu'un arrêt de la chambre des Req., du 14 août 1833, a jugé que le don d'un diamant valant 15000 francs n'était pas rapportable tandis que dans une autre hypothèse la Cour de Poitiers, par arrêt du 2 août 1820, a décidé qu'un don de 12000 francs, fait par une veuve à son fils à l'occasion du mariage de ce dernier, excédait dans l'espèce les limites d'un présent d'usage ; d'ailleurs la Cour n'a exigé le rapport que pour 9000 francs, estimant que jusqu'à concurrence de 3000 francs, la libéralité en question pouvait rentrer dans celles prévues par l'article 852 et être légitimement regardée comme faite par préciput. La valeur de la chose donnée en égard à la fortune du disposant n'est pas le seul point à considérer ; la volonté du *de cujus* pourra s'induire d'autres circonstances, et même quand une donation est modique, elle sera soumise au rapport toutes les fois qu'il paraîtra que telle était l'intention du donateur. Si des objets de peu de valeur ont été remis de la main à la main il serait peu raisonnable d'en exiger le rapport à moins de manifestation de volonté en ce sens, mais si ces objets ont été mentionnés par le contrat de mariage comme compris dans la dot, ils devront être rapportés ; cette mention n'est pas toutefois un critérium infaillible, il se peut que la femme elle-même ait voulu que les cadeaux reçus par elle fussent indiqués par le contrat et ce afin d'en rendre le mari comptable au jour de la dissolution du mariage ; dans ce cas, en effet, rien ne révèle que le disposant n'ait pas voulu donner par préciput.

Pour en finir avec les libéralités faites au moment du mariage, disons quelques mots du trousseau qu'un arrêt de la Cour de Paris du 15 janvier 1853, Dall., 53, 5, 592, se refuse sans distinction aucune à considérer comme simple cadeau de noce. Il y a là évidemment une exagération, et on risquerait ainsi d'aller parfois à l'encontre de la volonté du donateur ; on devra ici, croyons-nous, comme pour toute autre libéralité, voir ce qui dépasse la juste proportion d'un cadeau de noce et soumettre cet excédant en rapport : l'application de ces principes a été faite par arrêt de la Cour de Grenoble du 26 août 1846, Dall., 47, 2, 174 ; nous y trouvons une distinction très rationnelle basée sur la nature des choses comprises dans le trousseau ; ainsi l'arrêt a considéré le linge destiné à servir au ménage comme un accessoire de l'établissement, soumis en conséquence au rapport, tandis qu'il a pensé, au contraire, que les habits et le linge de corps pouvaient rentrer dans les présents d'usage non rapportables.

Nous rencontrons une nouvelle dispense légale dans

l'article 856 ainsi conçu : « Les fruits et intérêts des choses
sujettes à rapport ne sont dus qu'à compter du jour de
l'ouverture de la succession, ce qui signifie *a contrario*
que le rapport ne sera pas effectué pour ceux qui se réfèrent à une époque antérieure au décès du donateur. Quel
est ici le motif de la dispense ? Elle s'imposait, a-t-on
dit, car le rapport n'est dû que pour les choses données et
les fruits et revenus n'ont pas en eux-mêmes fait l'objet
d'une donation. » Ce raisonnement pèche par sa base
même ; en effet, quand la libéralité porte sur une chose
frugifère ou productrice de revenus, les fruits ou revenus
sont censés y être virtuellement compris, il y a donc, en
ce qui les concerne, donation indirecte tombant sous le
coup de l'article 843 et, s'il n'y avait eu un texte formel
pour les exempter du rapport, les cohéritiers du donataire
eussent été fondés à l'exiger. Il faut aller chercher ailleurs les raisons qui ont déterminé le législateur ; à notre
avis, elles doivent rentrer à peu près dans le même ordre
d'idées que celles sur lesquelles nous avons fait reposer
l'article 852. Ici encore, les héritiers non avantagés sont
privés uniquement de revenus que le *de cujus* eût sans
doute dépensés lui-même s'il n'en avait disposé à titre gratuit, de plus, décider sans preuve que le donateur a voulu
le rapport, eût été à la fois illogique et inhumain ; illogique,
car le disposant a eu évidemment pour but de venir en aide
à son successible en lui facilitant avec les revenus des
biens donnés les moyens de vivre, or le rapport aurait pour
résultat de retirer d'une main ce qui aurait été donné de
l'autre ; inhumain, car il eût été bien rigoureux d'obliger
l'héritier à rapporter des fruits qu'il a sans doute consom-

més ; ce serait à supposer que la perception ait eu lieu pendant un assez grand nombre d'années, mettre à sa charge une obligation des plus onéreuses qui, étant exigible en une seule fois, serait de nature à le ruiner. Le *de cujus* a pu ne pas avoir l'intention de détruire en principe l'égalité entre cohéritiers, mais il n'a certainement pas voulu que la libéralité se retournât en quelque sorte contre le gratifié. Si le donataire devait craindre le rapport des fruits et prévoyait ainsi pour l'avenir une charge aussi lourde, il refuserait souvent une libéralité de nature à lui causer ultérieurement un préjudice que ne compenseraient pas les profits retirés par lui de sa jouissance ; ce refus pourrait lui nuire, en le privant, au début de sa carrière, de secours utiles et lui faire manquer peut-être un établissement avantageux. La disposition de la loi est donc rationnelle et pleine d'équité.

Ces principes étant établis, faisons-en l'application à quelques espèces au sujet desquelles il s'est produit des discussions. Il arrive souvent qu'un père dans le contrat de mariage de l'un de ses enfants s'engage à lui servir sans détermination de capital une rente de tant, ou encore à le loger chez lui ainsi que son conjoint et les enfants à naître du mariage ; parfois, dans la pratique, on ajoute dans ce dernier cas, cette clause que, si l'incompatibilité d'humeur rend la vie commune impossible, le père remplacera le logement et la nourriture fournis dans sa maison par une rente plus ou moins élevée ; l'enfant devra-t-il rapporter à la succession du père tous les arrérages par lui perçus jusqu'au décès ? On l'a soutenu, disant qu'ici, ce sont les fruits et revenus qui ont en eux-mêmes fait l'objet de la donation, et qu'ils doivent, en conséquence, être traités comme de véritables capitaux. Nous ne le croyons pas, car les motifs que nous avons donnés pour base à l'article 856 nous conduisent à une solution diamétralement opposée : ces fruits et revenus ont eu pour but d'assurer la subsistance du successible, ils ont été donnés pour être consommés, c'est du moins ce qui devra toujours être présumé en principe. La doctrine contraire qui invoque le principe de l'égalité entre héritiers aboutirait parfois à la violation de cette égalité ; supposons, en effet, qu'un père, au moment où il marie l'aînée de ses filles n'ait pas de fonds disponibles lui permettant de la doter et qu'il soit obligé de se borner à lui promettre une rente dans le contrat de mariage ; quelques années plus tard, ce même père, mariant alors sa seconde fille, peut se trouver dans de meilleures conditions de fortune et constituer à celle-ci une dot égale au capital de la rente qu'il s'est engagé à servir à la première ; le père a évidemment voulu l'égalité ; or, celle qui a reçu un capital ne devra aucun rapport pour les revenus, il nous paraît donc impossible d'exiger de l'autre le rapport des arrérages antérieurs au décès.

La volonté du *de cujus* doit être notre règle souveraine ; c'est en s'inspirant de cette idée que la Cour de Bordeaux a décidé qu'il n'y avait lieu au rapport de la valeur d'un usufruit, lorsqu'il résultait des circonstances ou des termes de la donation que l'usufruit en question avait le caractère d'une simple jouissance attribuée au successible à titre de pension alimentaire et destinée à ne durer que pendant la vie du donateur (7 janvier 1854. Dalloz, 55, 2, 213). Dans une autre hypothèse, il a été jugé, Cass., 27 octobre 1886. Dall., 87, 1, 129, que le bénéfice d'une renonciation à un legs d'usufruit dont profite le nu-propriétaire, successible du légataire renonçant, constitue une donation indirecte sujette à rapport si cet avantage n'a pas le caractère alimentaire. Ces deux solutions, bien que différentes, ne sont pas contradictoires et semblent s'inspirer du véritable esprit de la loi, qui ne fait qu'interpréter ici, à notre avis, la volonté du *de cujus*. Cette dernière considération nous amènera aussi à décider que, là où il est certain que les fruits et revenus ont été envisagés comme des capitaux, ils seront rapportables ; c'est ce qui aura lieu dans l'espèce suivante : un père a promis à une de ses filles une dot de 200000 francs payable en 10 ans ; pour s'acquitter de sa dette, il lui délègue pendant 10 ans les fermages d'un de ses immeubles ruraux rapportant 20000 francs par an ; la fille dotée ne pourra se soustraire au rapport en alléguant qu'elle a seulement touché des revenus, car, dans l'intention du défunt, ils représentaient des capitaux pour lesquels la dispense de rapport ne doit jamais être présumée.

Quels sont au juste les droits des donataires sur les fruits et revenus ? Il semble que leur situation présente une grande analogie avec celle des usufruitiers, nous appliquerons donc les règles de l'usufruit ; nous dirons que les fruits naturels s'acquièrent par la perception, les fruits civils, jour par jour. Nous reconnaîtrons avec un arrêt de la Cour de Cassation du 31 mai 1818 au donataire d'une rente le droit de réclamer les arrérages échus antérieurement au décès et non perçus. On nous objecte que la dispense de rapport repose sur une présomption de consommation ;

c'est là un de ses fondements, nous le reconnaissons, mais ce n'est certainement pas le seul ; le donataire a pu légitimement compter sur ces revenus pour faire face à ses dépenses quotidiennes, il ne doit pas être trompé dans cette attente conforme d'ailleurs aux désirs du défunt. Nous ne nous arrêterons pas davantage devant une seconde objection consistant à dire que les donataires pourront laisser les intérêts s'accumuler et venir à un moment donné réclamer à la succession une somme considérable ; la prescription de 5 ans établie par l'article 2277 du Code civil et qui court contre les mineurs eux-mêmes constitue déjà un premier remède aux difficultés que pourrait créer une semblable situation ; les cohéritiers pourront encore trouver une seconde arme dans l'action en réduction, si les arrérages en s'ajoutant les uns aux autres en arrivent à excéder la quotité disponible.

DES CONTRATS SUSCEPTIBLES DE CONTENIR UNE LIBÉRALITÉ INDIRECTE.

La loi établit avec raison une différence entre le cas où une personne a voulu avantager son successible et celui où ce dernier a seulement tiré profit d'un contrat passé avec le défunt, sans qu'il y ait eu de la part de celui-ci aucune intention libérale, au jour où la convention est intervenue. Il n'y aurait pas de motif plausible, du moment qu'il y a eu véritablement contrat à titre onéreux, de ne pas appliquer ici le droit commun, c'est-à-dire, le principe de la liberté des conventions; pourquoi, en effet, empêcher par exemple un frère d'acheter un immeuble que son frère est obligé de vendre et ne pas lui permettre de conserver ainsi à la famille le bien en question plutôt que de le voir passer en des mains étrangères? Seulement nous concevons ici une restriction; le législateur ne dispense du rapport que si les parties ont été de bonne foi; si le contrat à titre onéreux a servi de voile pour cacher une libéralité, il n'y a pas de raison de se montrer ici plus indulgent et de ne pas exiger le rapport; c'est ce que fait l'article 853. Nous ne nous occuperons pour le moment que des donations indirectes résultant des contrats qui sont en partie à titre onéreux, et non des donations déguisées où il n'y a du contrat à titre onéreux que l'apparence. Quand y a-t-il avantage indirect? Il faut pour cela : 1° un profit réalisé par l'héritier; 2° l'*animus donandi* de la part du *de cujus;* cette intention libérale existera toutes les fois qu'il sera acquis que le défunt a consenti à son successible des conditions plus favorables qu'il ne l'eût fait pour une autre personne; tout contrat ne réunissant pas ces deux caractères ne pourra donner lieu à aucune réclamation. Il serait injuste de priver l'héritier d'un bénéfice légitime qu'un étranger eût pu retirer comme lui d'une convention loyale passée avec le défunt; ce serait créer à son détriment entre ses cohéritiers et lui une inégalité que rien ne justifierait, car on mettrait à sa charge les chances de perte sans lui laisser en retour celles de gain; supposons, en effet, que le bien acheté par le successible vienne à diminuer de valeur ou même à périr par cas fortuit, l'acheteur sera non recevable à se plaindre et à demander à la succession de son parent de l'indemniser du préjudice qu'il aura éprouvé ; si au contraire il y a eu plus-value, il est de toute justice qu'il en profite ; ses cohéritiers seront lésés, c'est vrai, mais ce sera par suite du jeu naturel des conventions, et non d'une situation privilégiée qui aurait été créée à leur cohéritier par leur parent commun.

Lorsqu'il s'agira de savoir si les conditions voulues pour qu'il y ait libéralité indirecte sujette à rapport sont ou non réunies, il y aura avant tout à examiner les circonstances de la cause ; ici encore, ce sera une question de fait échappant au contrôle de la Cour de Cassation. Citons à titre d'exemple un arrêt de la Cour de Poitiers du 14 décembre 1852. Dall., 54, 5, 628. Il avait à statuer sur l'espèce suivante : un père et une mère avaient cédé à quelques-uns de leurs enfants leur fonds de commerce ; au jour du partage de la succession des parents, les autres enfants demandèrent le rapport. La Cour repoussa leur prétention, bien que les cessionnaires eussent réalisé des bénéfices, car la cession avait eu lieu à des conditions équitables lui enlevant tout caractère de libéralité ; en effet, la valeur à laquelle les marchandises avaient été taxées, était bien celle portée au dernier inventaire, la durée du bail n'était pas excessive, d'après les usages des lieux, et l'on semblait, pour la fixation du prix, avoir fait entrer en ligne de compte dans une juste mesure la valeur réelle de l'immeuble loué et l'importance de la clientèle.

Après avoir ainsi posé les principes généraux, étudions les plus importants parmi les contrats susceptibles de contenir un avantage indirect.

Le plus usuel est la vente ; exigerons-nous pour que les

cohéritiers puissent se plaindre la lésion de plus des 7/12, nécessaire pour la rescision de la vente d'immeuble ? Non, les héritiers n'exercent pas ici une action née en la personne de leur auteur, mais agissent en vertu d'un droit qui leur est propre, et qui existe, même si la vente a un meuble pour objet. Faudra-t-il au moins la lésion de plus de 1/4 exigée en matière de partage? Nous n'irons même pas jusque-là, car à notre avis, l'action intentée par les cohéritiers lésés ne doit pas tendre ici à la résolution de la vente, que le *de cujus* était libre de conclure dans les conditions qui lui convenaient, mais seulement au rapport de la donation indirecte. Les demandeurs n'auront ici qu'une seule chose à prouver, l'existence au profit du successible d'une libéralité indirecte, c'est-à-dire, d'un avantage que le défunt n'eût pas accordé à un étranger; tout ce qu'ils peuvent demander, une fois la preuve faite, c'est que le gain réalisé dans ces conditions soit rapporté à la masse ; à notre avis, ils auront toujours ce droit, mais n'en auront jamais d'autre. Nous trouvons toutefois un arrêt très ancien de la Cour de Colmar de 1813 qui décide qu'en cas de vente faite à vil prix par un père à quelques-uns de ses enfants, les autres n'ont pas d'autre ressource que l'action en rescision pour lésion où celle en réduction pour avantage excédant la quotité disponible. Nous croyons, malgré l'autorité de cette décision, devoir persister dans notre doctrine qui nous paraît plus juridique et plus conforme au vœu de la loi.

L'article 918 prévoit une certaine catégorie de ventes pour lesquelles il édicte des règles spéciales ; le législateur les soupçonne de renfermer une libéralité en tout ou en partie, mais les soustrait en même temps au rapport ; ces ventes sont celles faites à un successible à charge de rente viagère, à fonds perdu ou avec réserve d'usufruit. Les termes employés par l'article 918 étant généraux, la jurisprudence estime qu'il doit s'appliquer dans tous les cas où l'auteur commun a abandonné sa propriété en échange d'une rente viagère ou en se réservant l'usufruit ; c'est ce qui a été décidé notamment dans le cas où une vente pouvait être assimilée à un partage comme faisant cesser l'indivision entre le père vendeur et les enfants acquéreurs (Cass., 25 novembre 1839. Dall. Répertoire). Le motif de la présomption établie semble ici la difficulté de prouver la libéralité et le désir de protéger efficacement les droits des héritiers réservataires ; quant à la dispense de rapport dans la mesure où la quotité disponible n'est pas dépassée, elle nous apparaît comme une sorte de compensation à la sévérité de cette présomption qui atteint des contrats pouvant être parfaitement sincères. Nous ne dirons pas, comme le font certains auteurs, qu'elle est fondée sur une interprétation de la volonté du défunt qui, par la forme cachée donnée par lui à sa libéralité, a montré son intention de la dispenser du rapport. L'explication que nous donnons de l'article 918 nous servira plus tard à repousser l'argument que l'on voudrait tirer de ce texte pour exempter de plein droit du rapport les donations déguisées. On nous adresse toutefois une objection : « La loi, dit-on, n'a aucune compensation à donner dans l'espèce au successible qui s'est créé à lui-même cette situation peu avantageuse au point de vue de l'action en réduction ; il avait en effet un moyen bien simple de se mettre à couvert contre toute réclamation ultérieure, c'était d'exiger que tous ceux qui pourraient être éventuellement appelés à la succession du vendeur intervinssent à l'acte. » Nous ferons observer tout d'abord que le successible peut au jour du décès de son parent se trouver en face d'héritiers qui n'existaient pas encore au moment de la vente ; en second lieu, ceux dont il a sollicité le consentement ont pu le refuser par jalousie, par malveillance, pour empêcher leur parent de conclure une affaire avantageuse, prévoyant dans l'avenir une augmentation de valeur du bien vendu. Enfin, ce qui prouve d'une façon décisive que le législateur a songé uniquement aux intérêts des réservataires, c'est que les collatéraux ne sont admis en aucun cas à se prévaloir de la disposition de l'article 918 ; pour eux, l'acte est une véritable vente et doit être traité selon sa teneur apparente ; à notre avis, ils ne seront pas désarmés, nous les admettrons, en nous appuyant sur le texte de l'article 853, à prouver l'existence d'une libéralité, mais c'est à leur charge qu'incombera la preuve.

Un des contrats qui interviennent le plus fréquemment entre une personne et son successible est le contrat de bail ; rien de plus licite et de plus naturel en principe, on comprend que le choix d'un propriétaire qui veut affermer un de ses biens se porte de préférence sur un de ses parents qu'il connaît et sait présenter toutes les garanties voulues de solvabilité et de bonne administration ; l'héritier présomptif sera plus que tout autre disposé à ne rien négliger pour faire fructifier une terre qu'il sait être destinée à lui appartenir peut-être un jour. Le bail entre parents présente, nous l'avons montré, de sérieux avantages et mérite par suite d'être encouragé, mais, ici encore, les fraudes sont à craindre. Si le bailleur a fait à son succes. sible les mêmes conditions qu'il aurait pu faire à un étranger ses héritiers ne sont pas fondés à se plaindre ; nous irons même plus loin, nous déciderons que, si pour amener son parent à prendre son bien à bail il lui a consenti quelques concessions, elles ne devront pas, si elles sont de minime importance, être traitées comme des libéralités ; les héritiers ont intérêt aussi bien que le bailleur lui-même à ce que le bien soit en de bonnes mains ; un étranger pourrait ne pas présenter les mêmes garanties ; la certitude d'une gestion intelligente et honnête vaut bien un léger sacrifice. Il y aura lieu à une appréciation des circonstances de la cause et les juges auront à examiner s'il y a dans l'espèce qui leur est soumise, les éléments de la donation indirecte : 1° un profit d'une certaine importance pour le preneur ; 2° l'*animus liberalis* de la part du bailleur.

Notre opinion n'est pas admise par tout le monde, on a soutenu que le bail à vil prix n'était jamais soumis au rapport et l'on s'est appuyé sur l'article 856 qui déclare les fruits non rapportables ; il y a là évidemment une erreur, car, ici ce ne sont pas les fruits qui font l'objet de la donation ; la libéralité consiste à laisser le preneur jouir de la chose sans lui demander en échange aucun fermage sérieux, ce qui revient à lui faire don de la différence entre le prix normal du bail et celui porté au contrat ; c'est cette valeur et non les fruits que le fermier devra rapporter. Il y a toutefois une réserve à faire ; le bail à vil prix peut constituer pour le bailleur un moyen de fournir à la subsistance de son successible malheureux ; au lieu de lui servir une pension alimentaire, il lui abandonnera la jouissance d'un de ses biens et, pour délimiter les droits du donataire sur la chose, il simulera pour la forme un bail, mais n'exigera qu'un prix dérisoire ; dans ce cas particulier, nous serons disposés à admettre la dispense car l'hypothèse nous paraît rentrer dans les termes si compréhensifs de l'article 852 ; il y a bien véritablement en fait frais de nourriture, il faut donc appliquer les règles spéciales à la matière. La jurisprudence est flottante ; quelques décisions ont admis le rapport, d'autres l'ont repoussé pour des raisons diverses ; nous trouvons dans ce dernier sens un arrêt de la Cour de Bourges du 5 décembre 1879, Dall., 81-2-22, dont nous croyons la solution bonne dans l'espèce mais dont les motifs nous paraissent en partie trop absolus. Il commence par poser en principe que les père et mère ont sur les revenus un droit de disposition sans limite et que l'usage qu'ils en font ne peut, sauf des cas exceptionnels, être critiqué comme portant atteinte au principe de l'égalité entre héritiers ; cela ne nous paraît exact que pour les libéralités prévues par l'article 852 ; l'arrêt s'appuie alors sur ce que l'avantage indirect résultant d'un bail consenti par une mère à son fils est pris sur les revenus pour l'exempter du rapport, ajoutant, que, dans l'espèce, l'avantage était peu considérable étant compensé par les charges spéciales imposées au preneur. Cette dernière considération pouvait avoir de la valeur, car une concession légère faite à l'héritier pour le décider à conclure le bail ne doit pas d'après nous, pour les raisons que nous avons développées plus haut, donner naissance à l'obligation de rapporter.

Quel va être le sort du contrat contenant une libéralité

indirecte ? Nous avons supposé jusqu'ici qu'il y avait véritablement contrat à titre onéreux présentant seulement ce caractère d'être pour partie mélangé de donation ; en ce cas, nous déciderons qu'il doit être maintenu, rien dans les termes de l'article 853 n'éveillant l'idée de la possibilité d'une action en rescision ; en effet, que nous dit-il ? Seulement que les profits retirés par le successible d'un contrat loyal ne seront pas rapportés, d'où l'on induit, *a contrario*, que, s'il y a eu fraude, c'est-à-dire, intention libérale de la part du *de cujus*, le rapport sera dû, mais de quoi ? Seulement des gains réalisés par l'héritier ; s'il y a eu vente, il rapportera la différence entre le juste prix et celui par lui payé, s'il y a eu bail à vil prix, on se bornera en général à augmenter les fermages pour l'avenir et à exiger pour le passé la différence entre les fermages stipulés et ceux qui auraient dû être payés en regard à la valeur locative de l'immeuble, non au jour du décès, mais au jour du contrat de bail. Il en serait autrement si, ce qui est possible avec chacun des contrats que nous avons étudiés, l'acte, entièrement simulé, se trouvait être pour le tout une libéralité ; il y aurait alors donation déguisée et la solution devrait être différente. Quelques auteurs soutiennent qu'il y a en ce cas dispense de rapport ; nous n'admettrons pas cette opinion, mais ce n'est pas ici que nous étudierons la question ; nous la retrouverons plus tard en parlant des dispenses tacites.

Il y a un contrat pour lequel la loi pose des règles spéciales particulièrement sévères et que nous avons à cause de cela réservé pour la fin, c'est le contrat de société qui, plus facilement encore que les autres, peut contenir des clauses avantageuses pour l'un des co-contractants et constituer de la part de l'autre de véritables libéralités. L'article 854 ne dispense du rapport les profits retirés par un successible d'une association avec le défunt qu'à deux conditions : 1° Absence de fraude; 2° constatation de la société par acte authentique — Par fraude le législateur a évidemment voulu désigner tout moyen employé pour soustraire une libéralité au rapport sans l'en dispenser dans les formes légales. Pourquoi le Code impose-t-il l'acte authentique? L'acte sous seing privé offrirait en premier lieu ce désavantage que l'antidate serait facile; on pourrait, en effet, rédiger le contrat, seulement le jour où des bénéfices importants seraient assurés, de sorte que le successible aurait les profits sans avoir couru les risques ; peut-être personne n'aurait l'idée de soupçonner que les choses ne s'étaient pas régulièrement passées, puisque l'acte de société porterait une date antérieure ; dans tous les cas, la fraude serait difficile à découvrir et encore plus difficile à prouver. A supposer même qu'un écrit ait été rédigé dès le début, il dépendrait des parties de le détruire et de faire disparaître ainsi toute trace de la convention ; c'est ce qu'elles ne manqueraient pas de faire, en cas d'insuccès de l'entreprise, si le *de cujus* avait eu l'*animus donandi* à l'égard de son successible et voulait le soustraire à l'obligation de supporter une part dans le passif social. L'authenticité de l'acte remédie à tous ces inconvénients; en effet, non seulement le contrat aura date certaine, mais, de plus, comme il en restera minute, on pourra facilement le retrouver dans le cas où son existence viendrait à être contestée ; ainsi, les intérêts des autres héritiers seront toujours pleinement sauvegardés. Il est certain que la société constatée par acte authentique doit être présumée sincère, mais, nous croyons que la présomption admet la preuve contraire et que l'on pourra toujours demander le rapport, en prouvant qu'il y a eu en fait libéralité indirecte.

Le texte de la loi paraît bien nous dire que l'acte authentique est impérieusement exigé pour écarter tout soupçon, aussi ne croyons-nous pas pouvoir nous rallier à une opinion d'après laquelle il suffirait que l'acte de société eût acquis date certaine par l'enregistrement et que les formalités de publicité prescrites par le Code de commerce eussent été remplies ; le but du législateur ne serait atteint que d'une façon incomplète ; en effet, il n'a pas, croyons-nous, comme nous l'avons dit plus haut, songé seulement à assurer la sincérité de la date, mais encore à faciliter les moyens de retrouver l'acte et de le représenter toutes les fois que cela pourrait être nécessaire : or, d'un côté, les affiches par lesquelles les sociétés commerciales sont publiées, n'énoncent pas les conditions stipulées entre co-associés, et d'un autre côté, l'écrit sous-seing privé peut toujours être égaré. Nous déciderons, en conséquence, que le défaut d'acte authentique fait présumer la fraude et suffit à lui seul pour que le rapport puisse être imposé, mais nous croirions dépasser les bornes de la loi en déclarant cette présomption irréfragable ; nous permettrons donc à l'héritier de prouver que le défunt n'avait aucune intention libérale à son égard et que la société s'est formée et a fonctionné dans des conditions normales ; l'opinion contraire nous paraît trop sévère, car la loi a seulement voulu éviter la fraude ; or, du moment qu'il est acquis que

tout a été loyal, il serait véritablement inhumain d'empêcher le contrat de produire ses effets.

La jurisprudence prenant la loi à la lettre au lieu de
rechercher avant tout, comme nous l'avons fait, son esprit
et les motifs qui l'ont inspirée, impose sans distinction
aucune le rapport, si un acte authentique n'a pas été rédigé.
Nous citerons en ce sens un arrêt de la Cour de Cassation
du 29 décembre 1858 et nous ne saurions mieux faire que
d'en reproduire textuellement le passage suivant, extrait
des considérants, et dans lequel cette théorie est résumée
d'une façon claire et frappante : « La condition d'une dispense de rapport, dit-il, au cas d'une société qui aurait été
formée entre le défunt et son successible, est la production
d'un acte authentique, établissant l'existence de cette société, d'où il suit que, faute de production d'un pareil acte,
toute société alléguée doit être considérée comme n'ayant
p as existé à l'égard du partage des bénéfices sociaux que
l'héritier voudrait opposer comme exception à une demande
de rapport. »

D'ailleurs, les partisans de cette doctrine si rigoureuse y ajoutent un tempérament d'équité ; le successible
associé a pu apporter à la gestion des intérêts sociaux
une vigilance et des soins dont il serait injuste de ne
pas lui tenir compte ; tout en lui imposant le rapport, on
l'indemnisera dans une mesure équitable pour son travail
et les juges auront pleine et entière liberté pour la fixation du quantum de l'indemnité. Nous admettrons toujours ce tempérament là où le rapport sera dû, car le seul
but de la loi a été d'empêcher le successible, qui a formé une
société avec le *de cujus,* de s'enrichir aux dépens de ses

cohéritiers, mais non de permettre à ces derniers de réaliser un bénéfice à son détriment ; ce serait là, en effet, une violation du principe de l'égalité entre les héritiers que l'article 854 a eu précisément pour but de sanctionner.

Tout le monde est d'accord pour reconnaître que la nécessité de l'acte authentique n'existe que là où il y a une véritable société .Le *de cujus* a pu employer son successible pour l'aider dans l'exploitation de son fonds de commerce ; il arrive souvent qu'un patron promette à son commis, outre un salaire déterminé, une part dans les bénéfices, mais il n'y a pas société, car le commis ne supporte aucune part dans les pertes, et n'a aucun droit sur le fonds social ; de plus, il peut être congédié, or, l'on ne congédie pas un associé ; en ce cas, les sommes qu'il a touchées comme prix de ses services ne sont pas rapportables, même si l'on ne produit pas un acte authentique réglant sa situation dans la maison de commerce (Poitiers, 14 décembre 1854. Dalloz, 54, 5, 628).

APPENDICE AUX DISPENSES LÉGALES.

Nous croyons devoir rattacher sous forme d'appendice à la théorie des dispenses légales l'étude des articles 847 et 849, où beaucoup d'auteurs ont cru voir deux nouveaux cas de dispense à ajouter à la liste de ceux que nous avons déjà énumérés. Il faut avouer que les termes mêmes de la loi semblent leur donner raison, et on pourrait être étonné de nous voir élever la moindre contestation à ce sujet, si les expressions employées par le législateur ne pouvaient s'expliquer historiquement. L'article 847 nous dit en effet : « Les dons et legs faits au fils de celui qui se trouve successible à l'époque de l'ouverture de la succession sont toujours réputés faits avec dispense de rapport. Le père venant à la succession du donateur n'est pas tenu de les rapporter. » Et l'article 849 : « Les dons et legs faits au conjoint d'un époux successible sont réputés faits avec dispense de rapport. »

Il y a là des expressions malheureuses que M. Duranton qualifie de « parasites » car leur véritable sens paraît avoir échappé aux rédacteurs de notre Code, dont l'esprit avait encore conservé dans une certaine mesure l'empreinte des vieilles théories et surtout du vieux langage de notre ancien droit. Rappelons ici ce que nous avons dit dans notre étude historique au commencement de ce travail ; les coutumes d'égalité pour empêcher qu'un donateur ne tournât la loi en gratifiant son successible, non plus directement, mais par l'intermédiaire de ses enfants et de son conjoint, avaient établi une présomption d'interposition de personnes et imposé le rapport de la donation faite au fils ou au conjoint du successible. Notre Code a voulu mettre fin à un pareil état de choses, mais en quoi consiste au juste sa réforme ? « Dans une dispense de rapport au profit du successible indirectement gratifié, » disent nos adversaires, et ils invoquent à l'appui de cette assertion les travaux préparatoires ; le projet primitif de nos articles se bornait, en effet, à dire que « les dons et legs faits au fils ou au conjoint du successible n'étaient pas rapportables, » et, par suite d'une observation de Tronchet, on substitua à cette première rédaction celle des textes actuels. Nous ferons observer tout d'abord que la présomption d'interposition de personnes que cette doctrine veut maintenir se justifiait très bien dans l'ancien droit mais n'aurait plus sa raison d'être aujourd'hui que le donataire jouit d'une grande liberté ; il a le droit de dispenser du rapport comme bon lui semble, dans la limite de la quotité disponible, on ne s'expliquerait guère qu'il employât un moyen détourné pour arriver à un résultat que rien ne l'empêche d'atteindre directement et sans feinte ; c'est ce que Treilhard a dit avec beaucoup de raison au cours de la discussion de nos articles. Mais, alors, comment expliquer le changement de rédaction ?

Et d'abord, en quoi avait consisté la critique de Tronchet ? Uniquement à dire que la loi ainsi conçue favoriserait les donations par personnes interposées, ce à quoi Treilhard répondit très judicieusement que la fraude n'était plus à craindre étant devenue inutile ; il semble que l'incident eût dû se terminer là, mais Tronchet insista disant que puisqu'il y avait dispense de rapport autant valait l'exprimer. A notre avis, sa pensée n'était pas qu'il y eût dans tous les cas une présomption d'interposition, mais seulement que la fraude était possible et qu'il était bon de prévenir les contestations en déclarant au moins en principe non recevable toute demande tendant au rapport sous prétexte d'interposition de personnes ; nous croyons que le conseil d'état en déférant à cette observation a seulement voulu éviter les difficultés auxquelles aurait pu donner lieu la question de savoir si en fait la libéralité avait tourné ou non au profit du successible. Le seul tort des rédacteurs du code a été, en songeant à la possibilité de l'interposition, de s'exprimer par habitude comme si la présomption de l'ancien droit continuait à fonctionner et de perdre de vue leur but principal qui était avant tout d'abroger la théorie des rapports pour autrui. Ce qu'il y a d'essentiel dans l'article 847, c'est la fin du texte où il est dit que « le père n'est pas tenu de rapporter. » Le mot pareillement employé par l'article 848, lorsqu'il nous dit que le fils ne rapporte pas ce qui a été donné à son père, nous montre que le législateur a dans sa pensée rapproché les deux dispositions ; or ici, il n'y a aucune allusion à une dispense de rapport ; l'idée est la même dans les deux textes, mais la rédaction de l'article 848 est plus correcte. Ce qui doit être pour nous une raison de persister dans cette manière de voir et nous mettre en garde contre les incorrections de langage, c'est que Treilhard lui-même emploie parfois des termes qui pourraient être interprétés dans un sens favorable à l'opinion que nous combattons, témoin le passage suivant des travaux préparatoires : « Les donations qui n'auront pas été faites à la personne même de l'héritier seront toujours réputées faites par préciput, à moins que le donateur n'ait exprimé une volonté contraire », il y a là des expressions absolument analogues à celles dont se sert l'article 847 et cependant il est certain que Treilhard voulait l'abrogation de la présomption de l'ancien droit ; nous savons, en effet, qu'il considérait l'interposition comme chose invraisemblable ; son intention à lui ne saurait être douteuse ; tout ce qu'il a pu vouloir dire c'est que toute demande tendant au rapport dans les hypothèses sur lesquelles il raisonnait devait tomber devant une fin de non-recevoir.

Mais que signifie la réserve contenue dans la fin du passage ? A notre avis, elle s'applique à un cas tout à fait exceptionnel où l'interposition est hors de doute et où le *de cujus* a manifesté l'intention de soumettre la donation au rapport de la part du véritable donataire. Supposons, par exemple, une libéralité faite en apparence par un aïeul à son petit-fils ; après la mort du disposant, on découvre dans ses papiers une contre-lettre tenue secrète, dans laquelle il était dit qu'il voulait en réalité avantager son fils, le père du donataire apparent, mais qu'il n'entendait pas le dispenser du rapport.

On nous oppose encore un second argument : cette présomption que la donation faite au fils ou au conjoint d'une personne est réputée faite à cette personne elle-même n'est pas du tout chose exceptionnelle et la loi en l'établissant dans les articles 847 et 849 a fait seulement une application d'un principe consacré formellement dans deux autres passages du code, les articles 911 et 1100. C'est là une erreur, car la situation est loin d'être la même ; ces articles ont pour but de sanctionner d'une façon énergique une incapacité et d'empêcher que la prohibition de la loi ne soit tournée. On peut ici redouter avec raison qu'une personne, ne pouvant gratifier quelqu'un déclaré incapable de recevoir d'elle, se serve du fils ou du conjoint de l'incapable comme d'un canal pour faire arriver jusqu'à lui le profit de la libéralité ; on comprend alors la méfiance du législateur ; le donateur ne pourrait arriver directement à son but, car il se heurterait à un texte prohibitif, on veut éviter qu'il ne puisse indirectement atteindre le même résultat, mais dans notre cas, nous l'avons dit plus haut et nous ne saurions trop insister sur ce point, il n'y a rien de pareil, tout peut se faire sans entrave et au grand jour et alors à quoi bon dissimuler ?

Si l'interposition devait toujours être présumée, il y aurait la plus grande injustice à obliger le fils, donataire apparent, dans le cas où il serait lui-même successible lors du décès du donateur, à effectuer le rapport, et, cependant nul n'irait jusqu'à lui reconnaître le droit de s'y refuser, sous ce prétexte que c'est son père et non lui-même qui est censé de par la loi être le véritable gratifié. La doctrine de nos adversaires conduit, en outre, à des conséquences inacceptables ; si, en effet, le grand'père qui donne à son petit-fils est réputé donner à son fils, il faudrait décider, lorsque le petit-fils conserve le bénéfice de la libéralité, qu'il la tient non de son aïeul, mais de son père et que, par suite, il devra le rapport à la succession de ce dernier ; or, une pareille conclusion serait en contradiction flagrante avec l'article 850 qui dit que le rapport ne sera effectué qu'à la succession du donateur ; cette observation suffirait à elle seule pour la condamnation du système.

En résumé, nous croyons que l'article 847 n'entend en aucune façon maintenir la présomption d'interposition de personnes, mais que le texte de la loi ne saurait autoriser en principe aucune action en justice tendant à prouver l'interposition ; décider autrement reviendrait à dire que la modification apportée par le conseil d'état à la rédaction primitive ne signifie absolument rien et doit être regardée comme non avenue, assertion qui nous paraît un peu hardie.

Quant à l'article 849 qui emploie des termes identiques à ceux de l'article 847, nous croyons qu'il exprime la même idée et doit en conséquence recevoir la même interprétation. Ici, il faut en convenir, l'interposition de personnes serait plus facile à concevoir ; il est rare qu'un père profite de la donation faite à son fils, si ce n'est d'une façon purement éventuelle, c'est-à-dire, s'il est appelé à recueillir sa succession, il en est autrement du conjoint du successible qui peut se trouver par l'effet des conventions matrimoniales retirer de la donation un profit immédiat. Nous ne pensons pas toutefois que cette considération ait beaucoup de valeur dans notre droit actuel, car, ici encore, si le *de cuius* avait eu la volonté de gratifier son successible avec dispense de rapport, rien ne l'empêchait de lui faire directement une libéralité préciputaire ; si donc il a donné au conjoint, il a dû agir aiusi avec toute intention et en parfaite connaissance de cause ; de plus, la présomption d'interposition amènerait cette conséquence forcée et regrettable que le conjoint donataire apparent serait réputé tenir la donation de son conjoint, et que, par suite, elle devrait être imputée sur la quotité disponible entre époux. Ces raisons nous paraissent suffisantes pour adopter dans l'hypothèse prévue par l'article 849 une solution analogue à celle que nous avons admise pour l'article 847.

Notre doctrine a d'ailleurs été consacrée par un arrêt de la Chambre des Requêtes du 27 juillet 1881. Dall., 82,1, 249, qui nie formellement la présomption d'interposition de personnes. Il y est dit avec beaucoup de justesse que, bien loin de fonder sa disposition sur une présomption d'interposition de personnes, la loi écarte au contraire toute fiction légale pour s'en tenir à la seule réalité, telle, qu'elle ressort des actes à moins que les faits et documents particuliers n'établissent la simulation et l'interposition de personnes. La suite du texte nous montre clairement quel en est le véritable sens; le successible ne rapportera que là où il sera donataire et dans la mesure où la libéralité s'adressait à lui et non dans celle où il en a profité par suite du régime matrimonial par lui adopté ; l'article 849, p. 2, nous dit effectivement : « Si les dons et legs sont faits conjointement à deux époux, dont l'un seulement est successible, celui-ci en rapporte la moitié ; si les dons sont faits à l'époux successible, il les rapporte en entier. »

Par conséquent, si nous supposons une donation mobilière faite à une femme commune, l'objet donné tombera en communauté ; le mari en aura forcément sa part, peut-être, la femme n'en retirera-elle aucun avantage, par exemple si le mari vend le bien en question et en dissipe le prix, ou encore, si elle renonce ultérieurement à la communauté, cependant, elle devra le rapport pour le tout ; elle ne pourra s'y soustraire, bien qu'elle soit à même d'établir que la libéralité ne lui a profité que pour moitié ou même ne lui a pas profité du tout. Les principes nous conduisent forcément à cette règle rigoureuse que, si la femme a été dotée par l'un de ses parents dont elle recueille plus tard la succession, elle devra le rapport de cette dot, quand bien même le mari l'aurait gaspillée ; en vain la femme offrirait-elle de prouver que l'insolvabilité du mari réduit à néant pour elle le bénéfice de la libéralité, elle ne serait pas écoutée et sa situation par rapport à ses cohéritiers ne serait pas changée. La femme avait, en effet, tant sous le régime de la communauté que sous le régime dotal, un moyen mis par la loi à sa disposition pour sauvegarder ses droits, lequel consistait dans la possibilité de demander contre son mari la séparation de biens, le jour où elle aurait vu sa dot en péril ; quoique des considérations de famille et l'intérêt de la paix du ménage puissent quelquefois la faire hésiter à recourir à une pareille mesure, il n'en est pas moins vrai de dire que le législateur ne la laisse pas entièrement désarmée.

Dans une hypothèse spéciale, le Code civil apporte à la rigueur des principes une exception dictée par des considérations d'équité ; nous voulons parler de l'article 1573. Il prévoit le cas où le mari était déjà insolvable, lorsque le père a constitué une dot à sa fille, et n'avait ni art ni profession ; la femme ne sera tenue de rapporter à la succession de son père que l'action qu'elle a contre le mari pour se faire rembourser ; cela est juste, car la perte de la dot était alors chose certaine pour ainsi dire, et le constituant, qui connaissait les risques, a tacitement consenti à ce qu'ils fussent supportés par sa succession. Nous croyons qu'il faut étendre la solution au cas où le constituant est un parent autre que le père, car, à notre avis, si la loi a parlé seulement de ce dernier, c'est qu'elle a songé à ce qui a lieu le plus fréquemment.

M. Demolombe estime que notre article, bien qu'il parle de la dot d'une façon générale, n'entend viser que la dot mobilière, et voici le raisonnement sur lequel il motive cette distinction : « Lorsque la dot est mobilière, la tradition suffit pour en consommer la perte, sans que la femme ait à sa portée aucun moyen pour l'empêcher, si, au contraire, il s'agit d'immeubles, elle pourra veiller à ses intérêts et prendre des mesures conservatoires. » L'argumentation est habile, ingénieuse, mais ne nous paraît pas reposer sur des bases assez solides pour nous autoriser à distinguer là où le législateur emploie des termes tout à fait généraux ; pour la dot immobilière, la femme est mieux protégée, c'est vrai, mais, en réalité, la seule arme dont elle dispose est la séparation de biens, et elle peut, comme nous l'avo is dit plus haut, éprouver une répugnance bien légitime à s'en servir ; en face d'un texte formel, nous serions obligés de lui imposer le rapport sans nous arrêter aux raisons qui ont pu dicter sa conduite, mais le texte n'existe pas et, à notre avis, il ne faut pas le suppléer.

L'article 1573 ne parle que du régime dotal, mais doit-on l'étendre à la dot, constituée sous les autres régimes ? La négative a été brillamment soutenue par M. Demolombe, et peut invoquer, il faut en convenir, des arguments sérieux.

En premier lieu, dit-on, l'origine de notre article est romaine et purement dotale, car il s'est inspiré de la Novelle 97, ch. VI, de Justinien ; de plus, ce qui semble indiquer que notre législateur a lui aussi voulu borner l'exception au régime dotal, c'est qu'il n'en fait mention que dans le chapitre spécialement consacré à ce régime ; enfin les articles 847 et 849, au siège de la matière des rapports, posent des règles absolues, impératives, auxquelles on ne peut déroger sans texte.

Ce système a évidemment pour lui la rigueur des principes et la lettre de la loi, mais nous hésitons cependant à l'admettre, car, à moins d'accuser le législateur d'un défaut de logique, nous ne croyons pas cette doctrine vraiment conforme à l'esprit de notre code. Il n'y a absolument aucune raison de traiter plus favorablement la femme dotale que la femme commune, par exemple ; la première n'est pas plus digne d'intérêt que la seconde, et les motifs qui ont inspiré cette décision pour le régime dotal se retrouvent avec la même force et la même valeur sous les autres régimes.

Les articles 847 et 849 ne s'occupent que des dons et legs mais nous estimons qu'ils devraient aussi s'appliquer à la question de rapport des dettes. Si un prêt est consenti au fils du successible, on ne peut évidemment rien demander à ce dernier qui n'est pas débiteur ; quand l'emprunteur est le conjoint du successible, il y a quelques distinctions à faire ; si les deux époux ont emprunté conjointement, le successible devra le rapport pour moitié dans le cas où il recueillerait la succession de son parent ; si le conjoint a emprunté seul, le rapport ne sera pas dû. Cependant cette règle doit subir une restriction sous le régime de la communauté en ce qui concerne la femme ; quand le prêt a été fait au mari successible, la dette du rapport, si elle prend naissance pendant la durée de la communauté, viendra s'ajouter au passif de cette communauté, de sorte que, plus tard, après la dissolution du régime matrimonial, la femme, si elle est acceptante, en sera tenue pour moitié ou au moins jusqu'à concurrence de son émolument.

CHAPITRE V

A notre avis, et nous croyons l'avoir suffisamment établi, la dispense tacite de rapport ne peut valablement être déduite que de l'acte même de donation ; en dehors de ce cas la volonté du *de cujus* fût-elle prouvée, le rapport devra cependant être effectué à moins de violer la loi. Nous grouperons les dispenses tacites sous trois chefs : elles résultent : 1° des termes ou de l'ensemble des clauses de l'acte contenant la libéralité ; 2° des conditions qui accompagnent la libéralité ; 3° de sa nature. Chacune de ces trois catégories des dispenses fera l'objet d'un paragraphe spécial.

DISPENSES RÉSULTANT DES TERMES OU DE L'ENSEMBLE DES CLAUSES DE LA LIBÉRALITÉ.

Nous avons dit, en nous occupant des dispenses littérales, que le législateur n'imposait au disposant aucun terme sacramentel, mais nous avons supposé alors que ce dernier avait expressément manifesté sa volonté, bien qu'il n'eût pas employé les expressions du Code civil ; ici la situation n'est plus la même, le *de cujus* n'a pas touché directement à la question du rapport, mais les termes dont il s'est servi ne peuvent s'expliquer que s'il y a dispense, aussi son intention est-elle certaine bien qu'elle ne soit pas exprimée. On pourra se conformer à ses désirs, car on ne rencontre aucun obstacle dans la loi ; le mot « expressément » de l'article 843 devant d'après nous être pris dans le sens du mot latin « expressim ».

Les cas où la dispense peut légitimement s'induire des termes de la donation sont nombreux et divers, il y aura la matière à une appréciation en fait de la part des tribunaux ; nous nous bornerons à analyser rapidement à titre d'exemple un arrêt de rejet, Ch. Req. 10 juin 1846 Dall. 46-4-436, confirmant un arrêt de la Cour de Paris du 23 mai 1844. Un père de famille ayant 2 enfants, avait fait à l'un d'eux donation d'un immeuble par acte entre-vifs plus tard, dans son testament il avait déclaré léguer à son autre enfant tout ce qu'il laisserait à son décès.

On ne saurait prétendre que les biens donnés entre-vifs fassent partie du patrimoine du défunt à l'époque de son décès, la donation les en a fait sortir irrévocablement en ce qui le concerne ; par conséquent, en disant que les biens qu'il laissait à son décès seraient seuls dévolus à l'enfant non gratifié entre-vifs, le père lui interdisait de demander le rapport de la donation, mais on devait rationnellement être amené à décider qu'en retour il le dispensait du rapport pour les biens qu'il l'appelait à recueillir ; la Cour a donc estimé avec raison selon nous que le père avait fait à chaque enfant une attribution spéciale et distincte entraînant forcément dispense de rapport pour chacun. Le testament, conçu dans ces termes, constituait en réalité dans l'espèce un véritable partage d'ascendants, or, nous verrons bientôt que cet acte est, par sa nature même, incompatible avec l'obligation au rapport.

La jurisprudence admet aussi très légitimement que la dispense peut s'induire de l'ensemble des clauses du testament ; ainsi, il a été jugé que l'intention chez le *de cujus* de soustraire au rapport les successibles par lui avantagés dans ses dispositions de dernière volonté résultait suffisamment de cette double circonstance : 1° qu'une institution universelle excluait de la succession les héritiers légitimes et écartait en conséquence l'application des règles du rapport ; 2° que les legs en question avaient été faits sous la condition pour les légataires de renoncer à des créances dont ils étaient titulaires contre la succession ; il fut décidé par suite, que le jour où, le legs universel ayant été annulé, les héritiers furent appelés à se partager la succession, ceux d'entre eux, qui se trouvaient légataires dans les conditions que nous venons d'indiquer, étaient en droit de requérir antérieurement au partage le prélèvement des biens à eux légués (Req. 18 mai 1846. Dall. 46, 4, 435).

Nous pourrons citer encore dans le même ordre d'idées un arrêt de la Chambre des Req. du 27 mars 1850. Dall. 54, 5, 631, où la cour a estimé que la volonté de donner par préciput résultait du mode de rédaction des clauses du testament. Le *de cujus* avait fait à la même personne un legs d'immeubles, puis un legs de valeurs mobilières, et avait à la suite du dernier legs ajouté, mais dans un alinéa distinct : pour la dite dame en jouir et disposer en pleine et absolue propriété depuis le jour de ma mort par préciput et hors part et sans charge de rapport à ma succession. L'arrêt en question a jugé que cette rédaction pouvait être regardée, par appréciation d'intention, comme emportant dispense de rapport aussi bien pour le premier legs que pour le second.

DISPENSES RÉSULTANT DES CONDITIONS DE LA LIBÉRALITÉ.

Nous entendons parler ici des donations avec charges mais, nous ne posons nullement en principe qu'il suffise que la libéralité soit affectée d'une charge quelconque pour être immédiatement présumée faite par préciput. Il y a des distinctions à établir fondées sur l'interprétation de la volonté du défunt ; c'est cette volonté qu'il faut avant tout chercher à dégager ; pour cela, il y aura lieu d'examiner la nature de la charge et de voir si elle est compatible ou non avec l'obligation de rapporter ; dans le premier cas, nous imposerons cette obligation à moins de dispense expresse, dans le second, nous croyons que le caractère préciputaire de la libéralité ne saurait être contesté.

Ces règles étant posées, passons en revue les principales hypothèses qui peuvent se présenter dans la pratique.

Il arrive souvent qu'une personne fasse donation d'un immeuble moyennant l'obligation contractée par le donataire de servir une petite rente, soit à elle-même, soit à un tiers ; le rapport pourra-t-il être demandé dans l'espèce ? Nous pensons que oui, car la volonté de la part du *de cujus* d'en dispenser n'est pas certaine ; il est évident que l'on devra tenir compte au donataire des sommes déboursées par lui en exécution du contrat, mais, du moment qu'il n'aura éprouvé aucun préjudice, aucun appauvrissement, il ne pourra se plaindre.

Il y a au contraire des cas où les caractères mêmes de la charge imposée sont tels qu'ils ne peuvent se concilier avec le fonctionnement des règles du rapport ; le *de cujus* n'a pu vouloir deux choses contradictoires, on devra donc forcément admettre la dispense. L'exemple typique de ce genre de libéralité est la substitution fidéicommissaire, c'est-à-dire imposant au donataire l'obligation de conserver le bien donné pour le rendre à sa mort à une ou plusieurs personnes désignées ; ces donations, prohibées en principe par le Code civil, sont permises cependant à titre exceptionnel et dans des conditions dont nous n'avons pas à nous occuper, cela ne rentrant pas dans notre sujet ; nous supposons naturellement une substitution valable. Imposer le rapport serait absurde, car, si le grevé devait remettre à la masse le bien qui lui a été donné ou légué, il ne pourrait le conserver pour le rendre aux appelés ; or, c'est ce dernier résultat qu'a poursuivi le défunt, le rapport irait donc tout à fait à l'encontre de sa volonté formellement exprimée ; par conséquent, le grevé cumulera la libéralité avec sa part héréditaire. Nous ne croyons pas que notre solution ait jamais été sérieusement contestée, soit en doctrine, soit en jurisprudence (voir notamment Douai, 27 janvier 1879, Dall. Rep.).

Que décider relativement à la substitution vulgaire ? Ici nous ne trouvons plus la charge de conserver et de rendre ; le *de cujus* peut n'avoir voulu qu'une chose, à savoir que le substitué recueillit le bénéfice de la libéralité à défaut de l'institué, mais a-t-il voulu soustraire cette disposition au droit commun, cela paraît au moins douteux. Nous trouvons cependant un arrêt (Cass., 7 juillet 1835, Dall., 1835,

1, 390, disposé à admettre la dispense dans l'espèce suivante : un père avait légué une somme à sa fille sous condition que, si elle mourait avant lui, la somme appartiendrait à ses enfants. On pouvait hésiter, car l'intention du défunt ne ressortait pas d'une façon suffisamment claire. Ce dernier avait-il entendu assurer à toute éventualité la somme léguée à ses petits enfants, ou songeait-il seulement à leur faire un legs dans la prévision du cas où, appelés à sa succession par représentation de leur mère, ils y renonceraient ? On ne pouvait, croyons-nous, rien affirmer de certain sur ce point.

La donation peut avoir été faite moyennant certains sacrifices de la part du donataire ; en ce cas nous pensons que le donateur doit être réputé avoir voulu consolider d'une façon irrévocable sur la tête de ce dernier la propriété du bien donné, et que le rapport ne doit pas être exigé. Nous estimons donc que c'est avec raison qu'il a été jugé que la dispense de rapport d'une donation faite par une mère à sa fille résultait suffisamment de cette condition mise à la libéralité que la fille renoncerait à se prévaloir contre sa mère de ses droits dans la succession de son père (Cour de Rouen, 12 février 1887. Dall., 89-2-181).

Beaucoup d'auteurs donnent la même solution pour la donation faite avec réserve d'usufruit au profit du donateur. « Si dans l'espèce, disent-ils, le donataire doit effectuer le rapport, il se trouvera n'avoir retiré aucun profit de la libéralité, puisqu'il n'a même pas eu la jouissance temporaire de la chose ; la donation n'aura ainsi produit aucun effet. » Malgré la gravité de ces raisons, nous ne les croyons pas absolument décisives; le code ne répugne pas, en effet, à cette idée qu'une libéralité puisse se trouver sans résultat par cette circonstance que le gratifié est appelé à la succession du diposant, c'est ce qui a lieu toutes les fois qu'un legs adressé à un successible ne contient pas une dispense de rapport. On peut donc soutenir que le *de cujus* a voulu seulement laisser au donataire un choix entre sa part héréditaire et la propriété du bien qui a fait l'objet de la donation. La dispense de rapport étant chose exceptionnelle, on doit, semble-t-il, en cas de doute, revenir au droit commun.

DISPENSES RÉSULTANT DE LA NATURE DE L'ACTE DE DONATION.

Le partage d'ascendants doit figurer en première ligne parmi les libéralités qui par leur nature même entraînent dispense de rapport. Si les formes prescrites par la loi ont été observées et si l'on ne se trouve dans aucun des cas où le code autorise une demande en rescision, il n'est pas permis de revenir sur les attributions faites par l'ascendant à chacun de ses descendants; or, exiger le rapport, serait faire tomber le partage et tout remettre en question. Un pareil résultat serait évidemment peu conforme au but poursuivi par le législateur, qui, en autorisant le père de famille à déterminer lui-même la part revenant à chaque enfant, a été inspiré par divers motifs et notamment par le désir de prévenir les contestations entre héritiers. Nous donnerons la même solution si l'ascendant s'est borné à faire un partage de quotité.

De Barandiaran   9

Les dispositions universelles se présentent, également comme inconciliables avec l'idée de rapport ; comment concevoir, en effet, que le disposant ait voulu conférer à une personne une vocation au moins éventuelle à la totalité de la succession, et qu'il ait entendu en même temps l'obliger à remettre à la masse les biens légués et à subir un partage ? Son intention de donner par préciput est certaine, sinon sa volonté n'aurait aucun sens. La question de rapport en cas de legs universel ne se pose que si le légataire se trouve en face d'héritiers réservataires, car alors' il y aura forcément pour partie succession *ab intestat*. Elle ne se posera pas s'il n'y a que des héritiers non réservataires ; en effet, de deux choses l'une, ou le légataire universel acceptera le legs et alors il n'invoquera pas sa qualité d'héritier, ou il répudiera le legs et se trouvera dans la même situation que les autres héritiers qui n'ont reçu du défunt aucune libéralité.

Les dispositions à titre universel paraissent, elles aussi, par leur nature même devoir être soustraites au rapport, mais la jurisprudence va plus loin encore et décide qu'il en est de même pour le legs de la quotité disponible. Il est permis d'hésiter à la suivre dans cette voie ; son opinion semble en contradiction formelle avec l'article 919 du Code civil ainsi conçu : « La quotité disponible pourra être donnée en tout ou en partie, soit par acte entre-vifs, soit par testament, aux enfants ou autres successibles du donataeur, sans être sujette au rapport par le donataire ou le légataire venant à la succession, pourvu que la disposition ait été faite expressément à titre de préciput ou hors part. « La loi paraît bien exiger la dispense même pour une libéralité ayant pour objet toute la quotité disponible et dire que, si cette dispense n'existe pas, le rapport sera exigé. Quelle réponse fait-on à cette objection ? L'argumentation que l'on dirige contre elle se trouve fort bien développée dans un arrêt de la Cour de Caen du 16 décembre 1850, Dall., 51, 2, 246.

Il admet la dispense tacite en raisonnant ainsi : « Attendu que Godefroy père savait ou devait savoir qu'une partie de sa fortune était dévolue malgré lui à sa fille et qu'il ne pouvait lui en donner qu'une partie ; qu'en déclarant qu'il donnait à sa fille tout ce dont la loi lui permettait de disposer, il manifestait suffisamment l'intention de donner par préciput, puisque, cessant cette disposition, il ne donnait rien à sa fille, etc...

En résumé, tout cela revient à dire qu'on ne peut expliquer la disposition si la libéralité n'est pas considérée comme faite par préciput. Mais est-il bien certain que la volonté du *de cuius* ne soit susceptible d'aucune explication rationnelle, si l'on refuse de voir ici une dispense de rapport ? Nous ne le pensons pas, il y a d'ailleurs plusieurs cas à étudier. Il en est un où le principal argument de nos adversaires ne saurait être invoqué ; c'est celui où le successible avantagé n'était pas héritier présomptif lors de la libéralité ; le *de cujus* a pu alors ne pas prévoir que son parent viendrait plus tard à sa succession et vouloir lui laisser une partie de sa fortune, résultat qu'il ne pouvait atteindre, au jour où il testait, que par un legs ; il est possible de supposer que si le disposant avait su que le légataire serait appelé par la loi à lui succéder, il n'aurait pas entendu l'avantager au détriment des autres héritiers ; dans tous les cas, l'interprétation de sa volonté est chose bien délicate, affirmer qu'il a voulu dispenser du rapport nous paraît un peu téméraire. Passons maintenant au cas où le successible gratifié était déjà héritier présomptif à l'époque du testament : est-il exact, même en cette hypothèse, de dire que le *de cujus* ne donne rien à l'héritier auquel il lègue la quotité disponible ? Non, si la quotité disponible se trouve être plus forte que la part qui revient à ce dernier dans la succession. Exemple : Un père a 5 enfants et une fortune de 100.000 francs, la quotité disponible est de 1/4, c'est-à-dire 25.000 francs, tandis que la part de chaque enfant *ab intestat* n'est que de 20.000 ; l'enfant légataire est donc placé dans une situation meilleure que les autres, puisqu'il a une option même s'il lui faut pour recueillir le bénéfice de son legs renoncer à la succession paternelle. On peut être plus embarrassé, lorsque la quotité disponible se trouve inférieure à la part héréditaire du successible auquel le legs a été fait ; évidemment, le légataire non préciputaire préférera ici effectuer le rapport qui sera plus avantageux pour lui, le legs semble donc par la force des choses destiné à être caduc, s'il ne contient pas une dispense de rapport ; il paraît bizarre d'imputer au *de cujus* la volonté d'avoir voulu faire une libéralité qu'il savait à l'avance ne devoir produire aucun effet.

M. Demolombe ne se laisse pas arrêter par cette argumentation et, même dans ce cas, se refuse à admettre que l'intention de dispenser soit toujours prouvée chez le testateur ; ce dernier a pu prévoir que, dans l'intervalle entre le jour où il testait et celui de sa mort, il lui naîtrait d'autres enfants, ce qui diminuerait forcément la part de chaque héritier, mais pourrait laisser la quotité disponible invariable ; c'est ce qui arriverait si le nombre des enfants à l'époque du testament était déjà de 3 ou au-dessus. Dans l'hypothèse où cette supposition ne serait pas vraisemblable, étant donné le grand âge du disposant, nous croyons qu'il faudra décider que la libéralité doit être regardée comme faite par préciput.

Tout ce que nous voulons établir, c'est qu'un legs n'est pas, par cela seul qu'il a pour objet la quotité disponible, dispensé de plein droit du rapport, et que, toutes les fois que la volonté du *de cujus* ne sera pas clairement démontrée, il faudra appliquer les règles ordinaires ; nous l'avons déjà dit, les exceptions sont de droit étroit, et l'on ne peut arbitrairement en augmenter le nombre ; la dispense doit être certaine, sinon nous nous refuserons toujours à l'admettre.

Il existe toute une catégorie de dispositions que des auteurs éminents veulent soumettre au rapport et qui nous paraissent cependant par leur nature seule devoir y échapper ; nous voulons parler ici des dons et legs rémunératoires. Ce sont des libéralités, puisque le code autorise la révocation des donations de ce genre pour cause de survenance d'enfants, mais des libéralités d'un caractère tout particulier ; le disposant déclare qu'il a reçu l'équivalent de ce qu'il donne, que c'est en quelque sorte une dette qu'il acquitte. Que cette dette soit civile ou naturelle, qu'il s'agisse même d'une simple obligation de conscience, peu importe, le *de cujus* s'est considéré comme lié. Cette seule circonstance nous paraît bien impliquer chez lui la volonté de dispenser du rapport ; n'est-ce pas exclure l'idée de la possibilité d'un partage du bien donné que de dire qu'on regarde la donation comme un simple acte de justice ? Le donataire a dans l'opinion du disposant reçu ce qui lui était dû, ce dernier ne saurait sans contradiction avoir eu la volonté de le lui retirer plus tard, car les raisons qui motivaient la libéralité, au jour où elle a été faite, n'ont pas cessé de subsister avec toute leur force au moment de l'ouverture de la succession. On nous objecte qu'il est difficile de déterminer si la valeur de la donation excède ou non le prix des services rendus, qu'il vaut mieux, en conséquence, décider que le rapport sera dû. « Naturellement, dit-on, l'action à laquelle les services rémunérés pouvaient donner lieu, renaîtra et, ainsi, tout sera concilié, tant les intérêts des autres héritiers que celui du successible obligé de rapporter, qui se fera indemniser par la succession dans la mesure où l'équité l'exigera, » seulement on oublie qu'il faut pour cela que la dette du *de cujus* soit civile ; si elle n'est que naturelle, c'est-à-dire, si elle peut bien servir de base à un payement valable, mais n'autorise pas une action en justice, le rapport causera au successible un préjudice irréparable ; à plus forte raison, en serait-il ainsi, s'il n'existait à la charge du *de cujus* qu'une pure obligation morale. Nous croyons, d'ailleurs, que le disposant, par cela seul qu'il a déclaré que la libéralité était dans sa pensée la rémunération d'un service, a implicitement donné à entendre qu'il ne la regardait pas comme ayant une valeur supérieure au service reçu ; à notre avis, son intention sur ce point n'est pas douteuse et il faut par suite s'y conformer.

On a soutenu que la dispense tacite du rapport pouvait

encore résulter des précautions prises par le donateur pour dissimuler sa libéralité, et l'on a fait l'application de cett théorie aux dons manuels, d'une part, aux donations déguisées ou par personnes interposées, d'autre part. Le mystère dont le *de cujus* a entouré la transmission de propriété dans le premier cas, le biais dont il s'est servi dans le second, soit pour cacher la véritable nature de l'acte, soit pour empêcher que le vrai donataire ne soit connu, tout cela révèle, d'après une opinion, la volonté de dispenser du rapport. Nous allons examiner la valeur de cette assertion pour chacune de ces trois catégories de libéralité que nous nous proposons d'étudier successivement.

Nous ne pensons pas en premier lieu qu'on puisse affirmer que le don manuel soit, par sa nature, une libéralité destinée à rester secrète et que le donateur qui a recours à cette forme de donation l'ait fait toujours dans une pensée de dissimulation. Les dons manuels sont des libéralités *sui generis*, soustraites à la nécessité de la rédaction d'un acte, et qui sont valables par la seule tradition ; les biens qui peuvent en faire l'objet, c'est-à-dire, les meubles corporels et les titres au porteur, sont ceux pour lesquels fonctionne la règle : en fait de meubles, possession vaut titre. Lorsque le propriétaire a opéré la tradition avec l'intention de transférer la propriété, cette tradition confère au donataire la possession qui lui permet de repousser toute revendication, même celle que le donateur voudrait exercer contre lui : il y a là quelque chose d'analogue à l'*in bonis* des Romains.

La validité des dons manuels est aujourd'hui hors de

doute ; elle était reconnue par l'ordonnance de 1731, nous la trouvons consacrée dans le code lui-même, qui en dispensant de rapport dans l'artice 852 les présents d'usage, lesquels se font toujours de la main à la main, a montré que le législateur les regardait comme valables, et enfin dans une loi fiscale du 15 mai 1850.

Cela étant posé, on comprend très bien que le donateur ne juge pas utile de recourir au ministère d'un notaire lorsqu'il a à sa portée un moyen si simple et si facile d'atteindre son but. La tradition sera souvent occulte, nous le concédons, il sera parfois difficile de prouver la libéralité, mais ce ne sera pas impossible ; les cohéritiers auront toujours la ressource de l'interrogatoire sur faits et articles, tendant à provoquer un aveu de la part du donataire, et finalement, de la délation du serment à ce dernier ; une fois la preuve de la donation faite, on appliquera les principes généraux ; la loi n'y soustrait les dons manuels que pour la question de forme, mais non en ce qui touche les règles de fond, nul ne conteste qu'on ne doive appliquer celles sur la capacité des parties, pourquoi faire une exception pour le rapport? Nous pouvons citer d'ailleurs un passage des travaux préparatoires entièrement favorable à notre doctrine. Voici comment s'exprime le tribun Jaubert : « Les dons manuels ne sont susceptibles d'aucune forme, il n'y a là d'autre règle que la tradition, sauf néanmoins la réduction et le rapport dans les cas de droit. » L'autorité des paroles du rapporteur est encore renforcée par le texte de l'article 843, qui est tout à fait général, puisqu'il exige la dispense d'une façon absolue, sans distinction aucune. Toutes ces raisons nous paraissent suffisantes pour décider que les

dons manuels ne doivent pas être traités d'une façon différente des autres libéralités.

Quelle est sur la question qui nous occupe l'opinion de
la jurisprudence ? Elle admet comme nous que ces libéralités ne sont pas censées par leur nature seule faites par
préciput ; ainsi il a été jugé (Aix, 21 juin 1880. Dall. 80-2-
253), que le don manuel du prix des immeubles du donateur, fait à un héritier, constituait une donation sujette à
rapport. Seulement, un grand nombre de décisions après
avoir posé le principe y apportent des tempéraments qui
le battent en brèche dans une assez large mesure ; un arrêt
(Req. 12 août 1844) nous dit, en effet, que si les dons
manuels ne sont pas de plein droit et nécessairement dispensés du rapport, il faut admettre cependant que leur
véritable caractère résulte de la volonté du donateur ; cette
volonté, c'est aux tribunaux qu'il appartiendrait de la
rechercher ; ce droit leur a été formellement reconnu par la
Cour de Cassation (3 mai 1864, Dall. 64-1-173-175 et 12
mars 1873. Dall. 73-1-194) qui les autorise à induire l'intention du *de cujus* des diverses circonstances de la cause.
Nous estimons que c'est aller trop loin ; il est difficile, en
effet de s'arrêter dans cette voie et l'on en arrive inévita-
blement à laisser aux juges une latitude excessive ; la
volonté du défunt est chose essentielle en notre matière,
mais elle ne suffit pas à elle seule pour autoriser la dispense, surtout lorsqu'elle est rien moins que certaine, ce
qui arrivera, si les magistrats se croient autorisés à la
chercher en dehors de l'acte. Les inconvénients de cette
doctrine sont nombreux, outre qu'elle paraît reposer sur
des bases juridiques peu solides ne s'appuyant sur aucun

texte et ne pouvant se concilier avec les articles 843 et 919, elle conduit forcément à l'arbitraire, en effet, chaque tribunal se prononcera suivant son impression personnelle et il pourra facilement en résulter des diversités de décisions dans des espèces à peu près identiques, ce qui sera fâcheux, l'unité de jurisprudence étant chose infiniment désirable sur des questions d'une semblable importance. Nous persistons donc à soutenir que les dons manuels sont, en principe, rapportables et ne pourront en être dispensés que dans les conditions légales ; ainsi, ils le seront, en cas de dispense expresse ou lorsqu'ils constituent des présents d'usage, car, dans cette dernière hypothèse, nous avons un texte, l'article 852, auquel nous avons déjà consacré dans un chapitre précédent d'assez longs développements.

Nous arrivons maintenant aux donations déguisées ou faites par interposition de personnes. Pour que la question de savoir si elles sont ou non dispensées de plein droit du rapport puisse se poser, il faut évidemment admettre que ces libéralités sont valables ; cela n'a jamais été discuté pour les donations par personnes interposées, pourvu que le donateur soit capable de donner au véritable donataire et celui-ci capable de recevoir de lui ; pour les donations déguisées, il y a plus de difficultés, lorsqu'un acte authentique n'a pas été rédigé, mais une jurisprudence constante admet la validité de ces donations, malgré ce vice de forme ; d'ailleurs, pour la controverse qui nous occupe, la question est la même pour les deux classes de libéralités. Trois systèmes sont en présence : le premier consiste à dire que les donations déguisées et celles par interposition de personnes doivent être considérées par leur caractère même comme faites par préciput, le second les soumet au droit commun et exige pour les dispenser du rapport les mêmes conditions que pour les autres libéralités, enfin, un troisième, qui prévaut en jurisprudence, admet bien que ces donations ne sont pas par leur forme seule soustraites au rapport, mais ajoute que la dispense pourra s'induire de cette forme combinée avec les autres circonstances de la cause.

Le premier système repose sur trois arguments principaux.

1° On dit que la dispense expresse ne saurait être raisonnablement exigée, car elle impliquerait contradiction ; d'un autre côté, le détour employé par le *de cujus*, quand rien ne l'y oblige, montre clairement sa volonté de dispenser du rapport ; en effet, les deux groupes d'hypothèses sur lesquelles on raisonne présentent ce caractère commun que le donateur s'est efforcé de cacher les circonstances pouvant faire naître l'obligation au rapport, c'est-à-dire dans un cas, la nature de la libéralité dans l'autre, la qualité de successible du vrai gratifié, pourquoi cette dissimulation, si le *de cujus* n'a pas entendu écarter l'application des règles ordinaires ?

2° La dispense tacite de rapport est formellement consacrée par le code lui-même dans certaines hypothèses à la fois pour les donations déguisées et pour celles par personnes interposées. L'article 918 relatif aux aliénations à fonds perdu, à charge de rente viagère ou avec réserve d'usufruit, déclare applicables les règles de la réduction, ce qui implique qu'il y a donation et écarte cependant le rapport

en l'absence de toute manifestation de volonté de la part
du défunt ; comment expliquer cette disposition, si ce n'est
par l'idée que l'intention de dispenser est suffisamment
révélée chez le donateur par le déguisement de la libéralité? Les articles 847 et 849 qui visent les donations adressées au fils ou au conjoint du successible disent expressément qu'elles sont réputées faites avec dispense de rapport ; la loi présume donc l'interposition de personnes, mais
elle soustrait en même temps au rapport la libéralité faite
dans ces conditions, or cette dispense ne peut se justifier
que par cette considération que l'interposition de personnes indique chez le *de cujus* l'intention de donner par préciput. Ces cas sont les seuls que le législateur ait prévus,
mais il faut généraliser.

3° Enfin, il est permis de faire indirectement ce qu'on
aurait pu faire directement ; il faut donc respecter la teneur apparente de l'acte ; décider autrement serait détruire
la théorie de la validité des donations déguisées et par personnes interposées. Ce troisième argument a été habilement
développé par deux savants auteurs, MM. Aubry et Rau.
La règle : *Plus valet quod agitur quam quod simulatum,*
ne s'applique qu'au cas où l'acte simulé fait fraude, soit à
la loi soit aux droits des tiers et à celui où l'une des parties
voudrait abuser de la forme de l'acte pour lui faire produire
des effets contraires à leur commune intention. Hors ces
cas, l'acte simulé doit être jugé suivant les apparences ;
MM. Aubry et Rau en concluent que, pour qu'une demande
tendant au rapport soit recevable, il faudra prouver deux
choses : 1° qu'il y a eu simulation ; 2° que le donateur a voulu
imposer le rapport et que le donataire cherche frauduleuse-

ment à se prévaloir de la forme de l'acte pour se dérober à l'accomplissement de son obligation.

Quoique plusieurs décisions de jurisprudence, assez anciennes pour la plupart, aient admis cette doctrine et qu'elle compte parmi ses partisans les auteurs éminents que nous venons de citer, nous ne croyons aucun de ses arguments absolument probants.

Nous commençons par concéder à nos adversaires qu'il serait impossible d'exiger une dispense expresse dans l'acte même, mais le donateur pourra toujours l'insérer dans un acte postérieur, par exemple, dans une clause générale de son testament.

D'un autre côté, est-il certain que la conduite du *de cujus* révèle d'une façon incontestable la volonté de donner à sa libéralité, le caractère préciputaire? Non, car il y a d'autres explications de cette conduite également plausibles. Si les parties ont simulé une vente, tandis qu'en réalité, il y avait donation, elles ont pu avoir pour but de permettre à l'acheteur de payer des droits de mutation moins élevés, les transmissions entre vifs à titre gratuit étant plus fortement imposées que celles à titre onéreux. Si l'opération a la forme d'une vente, le fisc percevra le droit d'après la teneur apparente du contrat; il pourra, il est vrai, découvrir la fraude, mais il devra en faire la preuve, ce qui ne sera pas toujours facile. D'ailleurs il peut se faire que les parties aient eu pour dissimuler la libéralité des motifs plus louables. Le *de cujus* n'a pas voulu agir au grand jour afin de soustraire le donataire à la jalousie de ses autres parents et de s'éviter à lui-même des réclamations importunes; le déguisement de la donation se comprend alors très bien, c'est un moyen de détourner tout soupçon car les tiers seront trompés par les apparences. L'interposition de personnes constitue un autre procédé permettant d'atteindre le même résultat ; le donateur feindra de donner à un étranger, à un ami, avec lequel il se sera préalablement mis d'accord et qui s'engagera secrétement à remettre la chose à celui à qui elle est véritablement destinée.

On ne peut donc affirmer que le *de cujus* a pris une voie indirecte, uniquement pour éviter que le donataire ne soit astreint au rapport ; sa manière d'agir est au moins équivoque et laisse planer un doute sur ses intentions, le fond de sa pensée reste obscur et difficile à pénétrer, or, là où il faut choisir entre plusieurs explications, nous estimons qu'il est prudent de donner la préférence à celle qui ramène au droit commun.

Quant aux arguments tirés des articles 918, 847 et 849, nous les avons déjà réfutés à l'avance en étudiant ces articles. Nous avons, en effet, démontré que les dispositions de l'article 918 sont inspirées avant tout par l'idée de protéger efficacement les héritiers réservataires ; c'est uniquement dans leur intérêt que la loi considère comme libéralités des actes qui peuvent être en réalité à titre onéreux et la dispense de rapport se présente à nous comme un tempérament équitable à la sévérité de la présomption établie par le législateur. Les articles 847 et 849, malgré les termes qu'ils emploient et qui paraissent si formels, ne reposent pas à notre avis sur une présomption d'interposition de personnes, leur véritable sens étant révélé par les travaux préparatoires du Code civil, et ils ne sauraient, en conséquence, être utilement invoqués dans la controverse qui nous occupe ; nous ne reviendrons pas sur les raisons qui nous ont fait adopter cette opinion, nous nous bornerons à renvoyer aux explications données précédemment.

On nous dit, en dernier lieu, qu'il est permis de faire indirectement ce qu'on aurait pu faire directement, c'est exact en principe, mais cela n'est vrai que dans la mesure où l'on ne se heurte pas à un texte formel et où le biais qu'on emploie ne sert pas en réalité à éluder la loi ; or, nous estimons qu'il y a fraude à la loi par cela seul qu'on ne se conforme pas aux règles imposées par elle, là où elle ne concède un droit qu'en entourant l'exercice de ce droit de certaines conditions de forme ; c'est le cas pour la faculté accordée au donateur de dispenser son héritier du rapport, il suffira donc, d'après nous, de prouver la simulation, pour que l'acte soit immédiatement traité au point de vue du rapport comme une donation faite à un successible et pour que le rapport soit dû. On nous objecte que c'est battre en brèche la théorie de la validité des donations déguisées et par personnes interposées, mais cette critique ne nous paraît pas fondée ; en effet, que peut-on vouloir dire en décidant que ces donations sont valables ? Uniquement qu'elles ne pourront être attaquées, les donations déguisées, parce que les formes légales, consistant dans la rédaction d'un acte authentique, n'ont pas été remplies, et les donations par personnes interposées, parce que le véritable donataire n'est pas celui indiqué dans l'acte de donation, mais on ne saurait raisonnablement aller plus loin ; les actes en question doivent conserver leur caractère de donations et être traités en conséquence au point de vue des règles de fond. Nous répéterons ici ce que nous avons dit plus haut au sujet des dons manuels ; tout le monde est d'accord pour reconnaître qu'il faut appliquer au point de vue de la capacité les règles spéciales aux donations ; l'interposition de personnes n'empêche pas la nullité d'une libéralité faite à un incapable, la loi le dit formellement, et il faut donner une solution analogue pour le cas d'une donation déguisée sous l'apparence d'un contrat à titre onéreux ; d'ailleurs la loi le dit expressément pour le cas où deux époux se sont faits des libéralités excédant la quotité disponible. Il n'y a aucune raison de distinguer parmi les règles de fond entre celles relatives à la capacité et celles relatives au rapport, la distinction n'est pas dans la loi, elle ne résulte pas des principes, nous ne saurions donc l'admettre.

Nous adopterons un deuxième système consistant à dire que les donations déguisées et par personnes interposées ne doivent pas être régies par des règles spéciales, et à exiger pour les exempter du rapport, les mêmes conditions que pour les autres libéralités : l'article 843 au siège de la matière s'exprime en termes tout à fait généraux et édicte les mêmes règles pour les libéralités indirectes que pour les donations directes. Nos adversaires ont cherché à répondre à l'argument très embarrassant qu'on tire contre eux des termes de cet article ; ce texte, d'après eux, vise les donations indirectes autres que les donations déguisées ou par personnes interposées ; « la loi, disent-ils, ne les met pas sur la même ligne, car la distinction se trouve dans une disposition du Code civil lui-même dans l'article 1099 ». Nous répondrons que le paragraphe

2 de cet article n'est qu'un développement du paragraphe 1 : le législateur commence par poser en principe que les époux ne pourront par des libéralités indirectes se donner ſaudelà de la quotité disponible, puis, pour mieux préciser, il prononce à titre d'exemple la nullité d'une catégorie spéciale de donations indirectes, les donations déguisées et celles faites par interposition de personnes ; rien ne prouve qu'il entende les opposer aux autres libéralités faisant partie du même groupe.

Ce qui est encore un argument de plus en faveur de notre doctrine, c'est qu'elle est conforme à la tradition ; Pothier, après avoir posé le principe du rapport pour les libéralités indirectes, donnait justement comme exemple les donations déguisées sous l'apparence d'un contrat à titre onéreux et celles faites par interposition de personnes ; or, les rédacteurs du code qui ont eu cet auteur sous les yeux et ont même reproduit les expressions par lui employées, car les mots « directement ou indirectement » de l'article 843 sont copiés dans le texte de Pothier, n'auraient pas manqué, s'ils s'écartaient de sa doctrine, de s'expliquer formellement sur ce point. Donc les libéralités qui nous occupent ne sont pas de plein droit dispensées du rapport (Voir en ce sens, Toulouse, 9 mai 1840 et Besançon, 15 novembre 1843, Dall. Rep.).

La jurisprudence a longtemps été flottante ; elle a beaucoup hésité et donné gain de cause tour à tour à chacun des deux systèmes que nous venons d'étudier, mais, depuis quelque temps, elle semble d'une façon générale avoir adopté une doctrine intermédiaire, c'est le troisième système auquel nous arrivons maintenant.

Dans cette opinion, l'on décide comme nous que le seul fait chez le donateur d'avoir recouru à un déguisement de la libéralité ou à une interposition de personnes n'implique pas forcément chez lui la volonté de donner par préciput, mais dans quelles conditions la dispense pourra-t-elle être admise ? C'est ici que la doctrine de la jurisprudence se sépare de la nôtre ; pour nous, il faut appliquer purement et simplement le droit commun, c'est-à-dire, que la dispense, si elle est tacite, ne pourra s'induire que de l'acte lui-même ; ainsi nous croyons que c'est avec raison que la dispense de rapport a été admise par un arrêt de la Cour de Cassation du 16 juillet 1855. Dall. 55-1-419.

Il s'agissait dans l'espèce d'une donation déguisée sous forme de reconnaissance de dette, et l'acte ajoutait que le créancier prélèverait avant le partage sur les biens de la succession la somme qui lui était due.

Pour un créancier véritable, une pareille clause eût été inutile, il est en effet, de principe, que l'actif de la succession ne peut être partagé entre les divers cohéritiers que déduction faite des dettes ; or, si le *de cujus* avait pris soin de spécifier qu'il entendait que la somme fût prélevée sur la masse antérieurement au partage, il avait montré clairement sa volonté que les autres héritiers ne pussent prétendre aucun droit sur cette somme, quand bien même le véritable caractère de l'opération viendrait à être révélé. Les termes qu'il avait employés sans y être forcé prouvaient nettement son intention, et comme elle résultait de l'acte même de donation, les juges ont pu légitimement en tenir compte.

La jurisprudence va ordinairement plus loin et se

montre beaucoup plus large que ne l'autorisent, croyons-
nous, les termes de la loi et les principes généraux de
notre droit. Contrairement à ce qu'elle décide pour les
autres libéralités, sauf toutefois les dons manuels, elle
permet de déduire la dispense des circonstances de la
cause ; c'est dans ces circonstances de natures très diverses
qu'elle va rechercher l'intention probable du *de cujus* et
cette intention est regardée par elle comme la règle souveraine devant laquelle tout doit fléchir. Nous avons déjà
insisté sur les inconvénients qu'il y a à faire ainsi de la
volonté du *de cujus* le seul guide en matière de dispenses
de rapport. Les faits sont là pour justifier notre assertion;
en partant de ce principe, la jurisprudence est arrivée à
conclure en réalité que l'interprétation de la volonté du *de
cujus* est une pure question de fait; on aboutit à tout laisser à l'appréciation des tribunaux, et il n'y a pour ainsi
dire aucune limite à l'omnipotence du juge, ce qui est un
mal et ne paraît nullement autorisé par la loi. Cependant,
cette doctrine a été consacrée par de nombreuses décisions
et peut même invoquer pour elle l'autorité de la Cour
Suprême. Nous citerons entre autres Civ. Rej., 10 novembre 1852, Dall., 52-1-307. Req., 18 août 1862, Dall., 62-1-143
et Pau, 23 juin 1884. Dall., 85-2-248.

Nous croyons que cette théorie prête aux critiques les
plus sérieuses ; outre les conséquences pratiques auxquelles elle aboutit et qui peuvent se résumer en ces mots
règne de l'arbitraire, elle est loin d'être inattaquable au
point de vue des principes. Elle se heurte d'abord à un
dilemne dont il lui sera difficile de sortir : de deux choses
l'une, ou les donations déguisées et par personnes inter-

posées ne sont pas comprises dans les libéralités indirectes dont parle l'article 843, ou elles y sont comprises. Dans le premier cas, on devra se trouver très embarrassé pour donner une base juridique à la règle qui sert de point de départ au système de la jurisprudence, consistant à dire qu'en principe les donations déguisées ou par personnes interposées sont soumises au rapport ; on ne trouve alors, en effet, aucun texte qui les y astreigne, et logiquement, si la loi avait imposé dans l'article 843 le rapport pour toutes les donations, sauf celles dont nous nous occupons, sans réparer plus tard cette omission, il faudrait en conclure qu'elle les aurait implicitement soustraites à l'application de la règle commune. Si, au contraire, on décide comme nous que le mot « indirectement » de l'article 843 doit être pris dans le sens le plus large comprenant toutes les libéralités qui ne sont pas directes et englobant par conséquent celles qui sont déguisées ou faites par interposition de personnes, on doit appliquer à ces dernières les principes de droit commun.

Ce n'est pas ce que fait la jurisprudence qui apporte sans raison des tempéraments aux règles générales et se montre pour cette catégorie de donations, libérale à l'excès. Cette faveur peut-elle au moins se comprendre, se justifier, soit en équité, soit en logique ? En aucune façon, cette indulgence excessive semble même irrationnelle, car elle constitue un encouragement à fraude et à la dissimulation ; en effet, si les parties avaient agi au grand jour et n'avaient pas cherché à cacher la vérité, c'est-à-dire, si elles avaient rédigé un acte de donation dans la forme authentique en y insérant le nom de l'héritier qui est le véritable donataire, en vain, viendrait-on demander à prouver, au jour de l'ouverture de la succession, que le donateur avait l'intention de dispenser du rapport ; s'il ne l'avait pas fait dans les formes prescrites par le code, si l'on n'était pas dans un des cas de dispense légale et, si enfin la dispense ne pouvait s'induire de l'acte même, le donataire qui prétendrait conserver par préciput le bénéfice de la libéralité ne serait pas écouté ; il en serait ainsi, même si la volonté du *de cujus* était certaine, par exemple si l'on alléguait une dispense orale certifiée par les témoins les plus dignes de foi. Même si l'on produisait un acte sous seing privé ayant date certaine, on se verrait opposer une fin de non recevoir. Si, au contraire, les parties ont recouru à un biais, si elles ont dissimulé, alors, d'après la jurisprudence, la situation change du tout au tout ; la volonté du défunt que tout à l'heure on regardait comme non avenue, bien qu'elle fût certaine, car la loi, disait-on, ne permettait pas d'en tenir compte, on l'induira ici des circonstances de la cause ; tout pourra servir pour éclairer le juge, de simples présomptions seront suffisantes. Ces distinctions sont peu logiques; si elles étaient consacrées par un texte formel, nous serions contraints de les accepter, tout en les critiquant et en souhaitant sur ce point une réforme dans notre législation, mais ce texte n'existe pas. Notre conclusion sera donc que pour la solution de la controverse qui nous occupe, on ne saurait adopter de système mixte, il faut choisir entre les deux opinions extrêmes. Nous croyons avoir suffisamment réfuté les arguments de la première et répondu d'une façon satisfaisante aux objections qu'on pouvait nous adresser ; les termes de la loi nous semblent favorables en les prenant dans le sens qui se présente le plus naturellement à l'esprit ; toutes ces considérations sont une justification suffisante de l'opinion à laquelle nous avons donné la préférence.

Pour en finir avec les libéralités déguisées, demandons-nous quelles sont les principales formes sous lesquelles elles peuvent se rencontrer dans la pratique. Ces formes sont nombreuses et diverses ; prétendre en donner une énumération limitative serait difficile, nous nous occuperons seulement des cas qui se présentent le plus fréquemment.

Les parties peuvent simuler une vente ; pour que tout paraisse en règle, l'acte portera l'indication d'un prix correspondant à la valeur du bien et le prétendu vendeur reconnaîtra l'avoir touché, tandis qu'en réalité, il n'en sera rien ; parfois on feindra un bail et celui qui jouera le rôle de bailleur donnera quittance pour des loyers qu'il n'aura pas reçus. On dissimulera encore une donation sous l'apparence d'une reconnaissance de dette, comme nous en avons vu un exemple dans un des arrêts que nous avons analysés. Cela se produira notamment à l'occasion de la reddition d'un compte de tutelle ; le tuteur déclarera faussement qu'il est débiteur de son pupille ; tantôt, la dette alléguée n'aura rien de réel, tantôt elle existera partiellement et la fraude consistera uniquement à en élever le chiffre.

Quant à la remise de dette, elle peut être expresse, mais elle peut aussi être tacite, le créancier remettra au débiteur l'acte sous seing privé qui constate la créance et lui fournira ainsi une fin de non recevoir contre toute poursuite en justice de ce chef ; un autre procédé consistera à délivrer une quittance simulée. Dans ces deux cas, il y aura libéralité déguisée sous l'apparence d'un payement ; c'est incontestable là où le débiteur est mis en état de produire une quittance, mais nous pensons qu'il en est de même là où le débiteur ne peut invoquer que l'abandon du titre par le créancier, car la présomption doit être qu'il y a eu libération à titre onéreux, les donations ne se présumant jamais. La jurisprudence estime que, lorsque la libéralité est faite à un successible sous forme de quittance d'une somme due qui n'a pas été réellement payée, elle est, en raison de la forme même de l'acte, dispensée du rapport. Voici comment s'exprime sur la question un arrêt de la Cour de Paris du 8 février 1837, Dall., Rep.

Attendu qu'endonnant quittance à son fils de sommes qu'il n'avait pas payées, il est certain que l'intention de Mme Tezenas a été de le placer dans la même position que si le payement avait eu lieu, d'établir sa libération complète et de lui fournir un titre pour repousser toute espèce de réclamation possible.

Attendu que cette intention renferme évidemment dispense de rapport, et que cette libéralité est loin d'atteindre la quotité disponible, confirme, etc.

Il a été jugé de même, Riom, 16 mars 1882, Dall., 83-2-35, que la libéralité faite par un père à sa fille sous forme de quittance simulée était virtuellement dispensée du rapport.

Nous nous refusons à traiter la remise de dette plus favorablement que les autres libéralités ; d'un côté, quelle que soit sa forme, qu'elle ait lieu par déclaration expresse, remise du titre de créance ou quittance simulée, elle constitue un avantage indirect soumis au rapport par l'article 843 du Code civil ; d'un autre côté, la volonté du défunt n'est pas aussi certaine qu'on l'affirme ; le désir d'éviter des difficultés avec les autres héritiers ou de diminuer les droits à payer au fisc peut exister ici aussi bien que dans les autres cas.

Enfin une des formes sous lesquelles les libéralités sont fréquemment déguisées est l'acquisition faite par un père au nom d'un ou plusieurs de ses enfants et soldée avec les deniers paternels.

Dans ces hypothèses, nous exigerons le rapport ; il sera dû même si l'on a pris soin de dire dans l'acte que le prix a été payé des deniers de l'enfant, pourvu qu'il soit prouvé que cette allégation n'est pas exacte.

La Cour de Limoges a imposé le rapport dans un cas où notoirement l'enfant n'avait pas les moyens de payer étant sans état ni profession (30 décembre 1837. Dall. Rép.). Elle a pensé que ce fait suffisait pour qu'il y eût présomption de libéralité contrairement au principe que les donations ne se présument jamais ; ce serait alors à l'enfant à prouver que les deniers lui ont été fournis à titre de don ou de prêt par un autre que son père. Nous hésiterons à aller jusque-là, mais une fois la preuve de la libéralité faite, nous dirons que l'enfant avantagé devra toujours effectuer le rapport. Il en sera ainsi, même si le père ne figure à aucun titre dans l'acte d'acquisition et s'est borné à fournir les deniers (Paris, 30 janvier 1852. Dall., 53, 2, 57).

On avait voulu soutenir que le simple fait pour l'enfant d'habiter avec ses parents suffisait pour établi la preuve ou au moins une présomption assez grave que l'acquisition avait été faite des deniers paternels. C'était évidemment inadmissible ; d'ailleurs, la Cour de Toulouse (15 décembre 1832. Dall. Rép.) a formellement résolu la question par la négative.

En cas de donation déguisée que devra-t-on rapporter ? La libéralité tout entière, mais pour l'acquisition faite au nom des enfants des deniers paternels, difficulté, car il n'est pas toujours facile de savoir en quoi consiste la libéralité ; y a-t-il eu simple prêt des deniers ou donation du bien acquis ? La question a de l'importance ; si l'on adopte cette dernière solution, le rapport aura lieu en nature, quand le bien est un immeuble. Nous croyons que c'est une question de fait et qu'il ne faut pas poser ici de règles générales ; les juges devront avoir égard aux circonstances révélant l'intention des parties.

S'il peut y avoir des discussions pour les points de détails, nous croyons qu'il ne saurait y en avoir pour la question de principe ; les donations déguisées et, c'est par là que nous terminons, devront, quelle que soit leur forme, être traitées de la même manière ; c'est-à-dire que nous leur appliquerons purement et simplement le droit commun auquel il n'y a aucune raison suffisante de déroger.

POSITIONS

DROIT ROMAIN

I. — L'*arbitrium judicis* n'était pas, à l'époque classique, exécutoire *manu militari*, pages 19 à 26 et 31 à 36.

II. — Les interdits étaient en droit classique soumis au droit commun en ce qui concerne l'exécution forcée p. 26 et suiv.

III. — L'intervention de la *manus militaris* était admise sous le système formulaire dans les cas exceptionnels où le magistrat statuait lui-même *extra ordinem*, p. 36 et suiv.

DROIT CIVIL

I. — La dispense de rapport peut être tacite pourvu qu'elle résulte de l'acte même de donation, p. 64 et suiv.

II. — Les libéralités de l'article 852, faites à un successible, sont toujours dispensées de plein droit du rapport, même quand elles excèdent les revenus (sauf les questions de réduction), p. 77.

III. — Lorsqu'une assurance sur la vie est contractée par le *de cujus* au profit d'un de ses successibles, celui-ci devra rapporter à la succession le montant du capital de l'assurance, p. 79 et suiv.

IV. — L'acte authentique, dont parle l'article 854, est exigé pour écarter tout soupçon de fraude, mais le successible pourra éviter le rapport en prouvant autrement qu'il n'y avait chez le *de cujus* aucune intention libérale à son égard, p. 109 et suiv.

V. — Les articles 847 et 849 ne constituent pas de véritables dispenses de rapport, p. 112 et suiv.

VI. — Les donations avec charges ne doivent pas, en cette seule qualité, être censées faites par préciput, p. 126 et suiv.

VII. — Le legs de la quotité disponible à un successible ne doit pas être regardé comme dispensé de plein droit du rapport, p. 130 et suiv.

VIII. — Les dons et legs rémunératoires doivent être considérés comme des libéralités préciputaires, p. 133.

IX. — Les dons manuels et les donations déguisées ou par personnes interposées sont, en ce qui concerne le rapport, soumis aux règles ordinaires, p. 134 et suiv.

POSITIONS PRISES EN DEHORS DE LA THÈSE.

DROIT ROMAIN

I. — Le créancier qui vend le gage doit garantie à l'acheteur évincé, lorsque l'éviction résulte d'un défaut d edroit en sa personne, sans qu'il y ait lieu de distinguer suivant qu'il est ou non de bonne foi.

II. — Quand la chose vendue se trouve au jour de l'éviction avoir une valeur inférieure au prix de vente, l'acheteur évincé n'a droit qu'à la réparation du préjudice causé.

III. — Dans les actions de droit strict, la compensation entraîne une diminution de la condamnation et non l'absolution du défendeur.

IV. — La compensation sous Justinien, est judiciaire comme auparavant; elle n'a pas lieu de plein droit.

DROIT CIVIL

I. — La femme mariée, séparée de corps, a un domicile distinct de celui du mari.

II. — Les héritiers du donateur sont en droit d'opposer au donataire le défaut de transcription.

III. — Le preneur à bail a un droit personnel.

IV. — La caution qui a payé la dette a un recours contre le tiers détenteur, mais la réciproque n'est pas vraie; il y a cependant une exception à faire pour la caution réelle.

DROIT CRIMINEL

I. — L'action civile, même quand elle est portée devant les tribunaux civils, se prescrit par les mêmes délais que l'action publique.

II. — Le ministère public ne peut poursuivre pour banqueroute un commerçant qui n'a pas été déclaré en faillite par le tribunal de commerce.

PROCÉDURE CIVILE

I. — Le demandeur en complainte ou en réintégrande doit pour triompher démontrer qu'il réunit les conditions exigées par l'article 23 du Code de procédure et l'article 2229 du Code civil.

DROIT INTERNATIONAL PRIVÉ

II. — Le contrat de mariage, passé en pays étranger, postérieurement à la célébration du mariage par deux époux français, doit même, s'il est conforme à la loi étrangère, être regardé en France comme nul et non avenu.

Vu : le Président de la thèse,
A. BOISTEL.

Vu : pour le Doyen empêché, l'assesseur,
C. BUFNOIR.

Vu et permis d'imprimer :
Le Vice-Recteur de l'Académie de Paris,
GRÉARD.

Imprimerie des Écoles, Henri JOUVE, 15, rue Racine, Paris.

Imprimerie des Écoles, HENRI JOUVE, 15, rue Racine, Paris.